Bienvenue à Valence

W0370761

COVID-19
Toutes les adresses et informations pratiques de ce guide ont été vérifiées avant impression. L'étendue des répercussions de la pandémie de Covid-19 sur le secteur touristique n'étant encore pas connue au moment de la rédaction, il est néanmoins possible que certaines informations ne soient plus exactes à parution de ce guide.

Tourelle métallique de la poste centrale.
G. Gerault/hemis.fr

ESTACIÓ DEL NOR

Arriver à Valence

EN AVION

Aéroport international de Valencia Manises – 8 km à l'ouest du centre-ville - 961 598 500 - www.aena.es.
Compagnies aériennes, p. 90.

Depuis l'aéroport

Taxi – Compter env. 25 € pour rejoindre le centre-ville.
Autobus, ligne 150 – Toutes les 25mn env., 5h30-22h, tlj sf dim. et j. fériés - 1,45 €, achat directement au conducteur - trajet : env. 45mn. Pour le centre-ville, descendre à Barón de Carcer ou à Angel Guimerà.
Métro – Lignes 3 et 5, 5h30-0h - 4,90 € jusqu'au centre (billet 4 zones) - trajet : 25mn. Pour le centre-ville, descendre à Xàtiva ou Colón.

EN TRAIN

Gare AVE Joaquín Sorolla

La gare **Gare AVE Joaquín Sorolla** se trouve au sud du centre-ville, à environ 1 km de la gare du Nord : San Vicente Mártir, 171.
Structure d'accueil « provisoire » des trains AVE (à grande vitesse) et de certains trains longue distance.
Taxi – Pour le centre-ville, compter environ 6 €.
Bus – Navette entre les 2 gares ttes les 20mn, gratuite sur présentation du billet de train (départ terre-plein de la gare Sorolla, arrivée calle de Bailén).

Estación del Norte.
venemama/iStock

Métro – M Station Jesús, av. de Giorgeta, accès par la calle Roig de Corella. Pour gagner le centre-ville, prendre les lignes 1 ou 2 jusqu'à Angel Guimerà, puis la 3 ou la 5 jusqu'à Xàtiva ou Colón.
Plus de détails p. 90.

Estación del Norte

La **Gare du Nord** est située immédiatement au sud du centre-ville, à côté des arènes : Xàtiva, 24 - M Xàtiva, lignes 3 et 5 - 912 320 320.
Pour gagner à pied en 5mn la plaza del Ayuntamiento, il suffit de traverser la calle de Xàtiva.
Trains en provenance de Barcelona Sants, Alicante, Murcia et trains « de cercanías » pour les alentours de Valence.
Consignes – Possibilité de déposer ses bagages à la gare. Très pratique lorsque l'on doit quitter son logement le matin et que l'on reprend un avion le soir.

Métro

Neuf lignes en service. Pour rejoindre les plages, prendre la ligne 5 jusqu'à Marítim-Serrería, puis la 8 (tramway) jusqu'à Marina Reial Joan Carles I. Tarification par zone ; billet simple 1,50 € (1 zone), 2,10 € (2 zones), 2,80 € (3 zones) et 3,90 € (4 zones).
« Transports en commun », p. 98 et plan des transports au verso du plan détachable.

Les immanquables

notre sélection des plus beaux sites

Lonja de la Seda★★
Plan détachable D3 - p. 23

Ciudad de las Artes y las Ciencias★★★
Plan p. 43 - p. 42

Palacio del Marqués de Dos Aguas★★
Plan détachable E4 - p. 24

Mercado de Colón★★
Plan détachable F5 - p. 35

Le quartier maritime★
Plan p. 50 - p. 47

Estación del Norte★★
Plan détachable D6 - p. 34

Museo de Bellas Artes San Pío V★★
Plan détachable E-F2 - p. 39

Mercado Central★★
Plan détachable D4 - p. 24

Catedral★★
Plan détachable E3 - p. 14

Nos coups de cœur

Se balader à pied ou à vélo dans les jardins du Turia. L'ancien río, volontiers dévastateur en son temps, se fait l'ami des promeneurs, des sportifs, des enfants et des amateurs de botanique. *Voir p. 38.*

Faire une pause sur la charmante plaza de la Virgen, au carrefour de l'histoire. Chaque jeudi à 12h, assister au Tribunal des eaux *(p. 16 et 21)*.

Participer aux festivités des Fallas du 15 au 19 mars. De grands personnages en carton-pâte envahissent les moindres placettes de la ville. Pétards, *mascletàs*, feux d'artifice, ruissellements de lumières dans les rues de Russafa, bals, repas sous les tentes ou en plein air et corridas sont programmées durant ces quelques jours. La nuit du 19 mars, véritable point d'orgue des festivités, les Fallas sont immolées lors de la célèbre *cremà*. *Voir p. 115.*

Nickos/iStock

Café plage de la Malvarrosa.

Remonter le temps à La Almoina : un vaste parcours souterrain dans la cité romaine et wisigothique, loin de la rumeur de la ville d'aujourd'hui. *Voir p. 17.*

Se poser sur une terrasse, aux heures chaudes de l'été, pour déguster à petites gorgées une *horchata de chufa*. *Voir p. 122.*

Descendre du train à la Estación del Norte : entre Sécession et modernisme, Valence se fait belle pour accueillir ses visiteurs. *Voir p. 34.*

Déambuler parmi les étals du Mercado Central, chargés de fruits, légumes, poissons, charcuteries, où l'abondance de couleurs et de senteurs est une véritable incitation à la gourmandise. *Voir p. 24.*

Flâner dans le quartier branché de Russafa entre cafés-concerts, théâtres, restos exotiques, bodegas, librairies, boutiques *vintage*, commerces alternatifs et bars de nuit.

fcafotodigital/iStock

Mercado Central.

C'est ici que la *movida* valencienne bat son plein, particulièrement du jeudi au samedi soir. *Voir p. 36.*

Découvrir l'Albufera : à deux pas de la ville, un paysage sauvage où terre et eau s'entremêlent. Après avoir visité des *barracas* aux toits de chaume, parcourir le parc à bord d'un *albuferenc*, avant de se régaler d'un *all i pebre* d'anguilles dans une guinguette d'El Palmar. *Voir p. 52.*

Profiter en été de la Valence maritime. Après une baignade à la Playa de la Malvarrosa ou à celle de las Arenas, déguster un *arroz a banda* à La Pepica sur le Paseo Neptuno ou une paella cuite au feu de bois à la Casa Carmela sur le Paseo Marítimo, et finir par une balade digestive dans le quartier moderniste El Cabanyal. *Voir p. 47.*

Rapporter dans ses bagages, à la période de Noël, du *turrón*, des fruits confits ou autres gâteaux... de la boutique Turrones Galiana. *Voir p. 77.*

Se laisser surprendre par l'architecture organique de la Cité des Arts et des Sciences, sortie de l'imagination de Santiago Calatrava et Félix Candela. Un ensemble futuriste monumental, remarquablement photogénique. *Voir p. 42.*

Valence en 3 jours

JOUR 1

Matin

Commencez par une balade au **Mercado Central★★** *(p. 24)* : outre son architecture, vous serez séduit par l'animation colorée du lieu et vous profiterez d'un petit comptoir pour savourer un jus d'orange pressé. Juste en face, vous jetterez un coup d'œil à la **Lonja de la Seda★★** *(p. 23)*, chef-d'œuvre d'architecture gothique. Perdez-vous ensuite dans les ruelles du quartier, où commerces et bars attendent la clientèle. Vous déboucherez sur la curieuse **plaza Redonda** *(p. 24)*, avant de gagner la **plaza de la Reina** *(p. 35)* qui fait face à la **cathédrale★★** *(p. 14)*. Chemin faisant, vous n'aurez eu que l'embarras du choix pour déjeuner.

Après-midi

Après la découverte de **La Almoina★** *(p. 17)*, vous arpenterez le cœur historique de la cité, le long de la calle de Caballeros, découvrant au passage le beau **Palau de la Generalitat Valenciana★** *(p. 21)*, les splendides fresques de **San Nicolás★★** *(p. 22)*, les **Torres de Serranos★** *(p. 28)*, puis les **Torres de Quart★** *(p. 30)*, vestiges des fortifications de la ville. Vous terminerez avec la visite du **MuVIM** *(p. 33)*.

Soirée

La soirée tapas s'amorce autour de la **plaza del Carmen**, puis dans les ruelles et placettes du vieux Valence.

JOUR 2

Matin

Profitez de la fraîcheur matinale pour découvrir, à partir des Torres de Serranos, les **jardins★** aménagés dans l'ancien cours du río **Turia** *(p. 38)*. Arrêtez-vous au **Museo de Bellas Artes San Pío V★★** *(p. 39)* pour y admirer la collection de primitifs valenciens. Derrière le musée s'étendent les superbes **Jardines del Real★** *(p. 39)*.

Après-midi

Reprenant votre marche, vous découvrirez l'élégant **Palau de la Música** *(p. 38)*, tout en transparence tandis que les enfants pourront s'amuser au **Parque Gulliver** *(p. 38)*. Enfin, vous arriverez devant les étranges silhouettes vaguement animales de la **Ciudad de las Artes y las Ciencias★★★** *(p. 42)*, ensemble de six constructions futuristes de Santiago Calatrava et Félix Candela où transparaît un goût certain pour les formes en déséquilibre. Vous visiterez le **Museo de las Ciencias★** *(p. 45)*, à moins que vous ne préfériez découvrir l'**Oceanogràfic★★** *(p. 46)*, qui abrite le plus grand aquarium d'Europe.

Soirée

Si un concert est programmé au **Palau de la Música** *(p. 38)*, ne le manquez pas, l'acoustique des lieux est exceptionnelle ! Retour vers le centre pour dîner et terminer la soirée devant une *Agua de Valencia (p. 121)*.

RossHelen/iStock

Place de la Virgen.

JOUR 3

▶ *Matin*

Visite du fabuleux **Palacio del Marqués de Dos Aguas★★** *(p. 24)*. Après cette profusion baroque, plongez dans la Valence historiciste de la **plaza del Ayuntamiento★** *(p. 32)*, et moderniste avec la **Estación del Norte★★** *(p. 34)*, la **Casa de los Dragones** *(p. 35)* et le **Mercado de Colón★★** *(p. 35)*. Sautez ensuite dans le métro, direction la **Marina** *(p. 47)* !

▶ *Après-midi*

Le **Paseo Neptuno★** *(p. 49)* est l'endroit idéal pour déguster une paella. Selon le temps ou vos goûts, vous profiterez d'une baignade sur la **plage de las Arenas** *(p. 49)* ou celle de **la Malvarrosa** et visiterez le **Museo del Arroz** *(p. 48)* ou la **Casa-Museo Blasco Ibáñez** *(p. 51)*.

▶ *Soirée*

Consacrez-la au **Barrio de Russafa★** *(p. 36)*, le quartier animé de Valence. Vous pourrez y dîner, prendre un verre et même danser.

Un jour de plus

*Programmez une balade en barque parmi les étangs et canaux de l'**Albufera★**, la découverte des « barracas » et une dégustation de recettes traditionnelles dans un restaurant d'El Palmar : une échappée nature dépaysante (p. 52).*

Visiter Valence

Jardins du Turia et Museo de Bellas Artes San Pío V.
Visit València

Valence aujourd'hui

La troisième ville d'Espagne

Capitale d'une Communauté autonome comptant trois provinces (Alicante, Castellón et Valencia), après avoir été celle du royaume de Valence, la cité, avec près de 800 000 habitants, est aujourd'hui la troisième ville d'Espagne après Madrid et Barcelone.

La ville doit sa force d'attraction à son climat, mais surtout à sa **huerta**, une campagne très fertile. Grâce à un système d'irrigation très complexe, des milliers d'orangers et de citronniers poussent ici, ainsi que des primeurs, exportés vers toute l'Europe. Valence développe les atouts qui font sa richesse : le commerce maritime et l'agriculture. Elle ambitionne de devenir le premier port commercial de la Méditerranée. Mettant à profit d'autres avantages majeurs – un riche patrimoine et son accès à la Méditerranée –, elle a su développer avec succès le tourisme et constitue aujourd'hui une destination incontournable en Espagne.

En pleine métamorphose

Le **cœur historique** est entouré de rues qui suivent le tracé des enceintes médiévales. Cathédrale, églises, palais Renaissance s'y concentrent au même titre que les vestiges romains de La Almoina, venant refléter son importance dans les siècles passés. Au sud des murailles primitives se sont développés, à la fin du 19e s., les quartiers résidentiels et bourgeois de l'**Ensanche**, qui accueillent d'impressionnantes avenues aux immeubles de style éclectique et moderniste. Immédiatement au sud de la **Estación del Norte**, l'enterrement des voies de chemin de fer donnera naissance à un nouveau quartier, organisé autour d'une gare futuriste souterraine et d'un parc urbain, le **Parque Central**, de 24 ha (à l'été 2020, plus de 13 ha étaient déja accessibles), conçu par l'architecte paysagiste américaine **Kathryn Gustafson**, appelé à devenir le grand poumon vert de la ville. Tout près, **Russafa**, autrefois habité par les ouvriers, est aujourd'hui investi par la bohème et les créateurs. Une myriade de boutiques tendance et de restaurants branchés animent jour et nuit les rues de ce quartier devenu à la mode. À l'est, l'ancien lit du río Turia a été reconverti en une coulée verte, les **jardins du Turia**, de 7 km, modifiant ainsi la physionomie de Valence. La **Cité des Arts et des Sciences**, œuvre des architectes Santiago Calatrava et Félix Candela, témoigne également de ce renouveau de la ville, aujourd'hui considérée comme une vitrine de l'architecture contemporaine. Valence a d'ailleurs été élue Capitale mondiale du design pour l'année 2022.

Cette mue est également visible dans le **quartier maritime**. Aujourd'hui, les plages sont redevenues attractives et accessibles pour les Valenciens : Las Arenas (ou Playa del Cabanyal) et Malvarrosa sont reliées au centre-ville par bus et métro tandis que l'aménagement des Paseos Neptuno et Marítimo, le long des plages, a fait de cet endroit l'un des plus prisés de la ville.

Au nord-ouest du centre, le **quartier d'affaires**, en plein développement, abrite le palais des congrès construit par Norman Foster, et le stade de football Nuevo Mestalla, en cours de construction. Le vaste **complexe universitaire** s'étend au nord-est. C'est l'un des plus grands d'Espagne.

Place aux jeunes !

En se promenant dans la ville, on est frappé de croiser une foule de jeunes de toutes nationalités. La ville, qui accueille plusieurs campus, reçoit en effet bon nombre d'étudiants européens dans le cadre du programme Erasmus. Cette concentration de jeunes contribue au dynamisme de la cité, tant en journée qu'en soirée, dans les tavernes du centre ancien, les bars musicaux de Russafa et les discothèques en plein air du quartier maritime ou de la Cité des Arts et des Sciences. Au nord-est de la ville, le quartier de **Benimaclet** s'anime aussi grâce à la présence de cette population, tout en conservant son âme populaire et rurale.

Des traditions préservées

La ville ne renonce pas pour autant à ses traditions, très anciennes pour certaines.

Le valencien, la langue historique, est une des fiertés des habitants. Il apparaît, tel un joyau, sur les plaques bilingues des rues.

Le **Tribunal des eaux**, quant à lui, se réunit depuis le 10e s. tous les jeudis

FotografiaBasica/iStock

Balade en vélo dans le quartier maritime.

afin de trancher les litiges liés à l'irrigation de la *huerta*.

Parmi les événements qui rythment l'année, les fêtes dionysiaques des **Fallas** (*p. 115*) sont incontournables : les Valenciens, toutes générations confondues, convergent aux abords de la plaza del Ayuntamiento pour assister à l'impressionnante pétarade quotidienne de la **mascletà**. Début mai, sur la plaza de la Virgen, c'est à la Fiesta de **Nuestra Señora de los Desamparados** que vous assisterez, pendant laquelle la patronne de la ville est portée en procession.

Outre un agenda culturel très dense, la douceur du climat, la présence de la mer et les divines paellas sauront vous convaincre...

Autour de la cathédrale★★

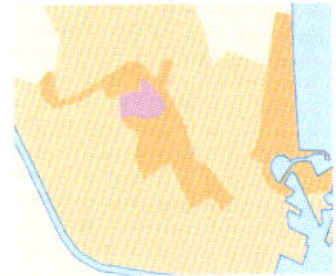

Palais et bâtiments civils, gothiques ou Renaissance, vestiges des fortifications et multiples églises – Victor Hugo, adepte de la démesure et de l'exagération, dénombrait plus de 300 clochers ! –, rappellent que nous sommes ici dans l'ancienne capitale d'un royaume indépendant, chère au cœur des rois d'Aragon qui y ont séjourné. Loin de se muséifier, le cœur historique, l'un des plus importants d'Espagne, reste animé jour et nuit. Il concentre toujours l'âme de Valence, au détour de ses ruelles tortueuses.

▶**Accès :** Le centre historique se situe entre la plaza de la Reina et le Mercado Central, avec pour axe principal la calle de Caballeros.

Plan de quartier p. 18-19. Plan détachable D-E3-4.

▶**Conseil :** On arpente le quartier le jour pour découvrir les monuments, la nuit pour fréquenter ses bars à tapas et restaurants.

« Nos adresses » p. 58, 70, 74, 80 et 84.

CATEDRAL★★

E3 *963 918 127 - www.catedraldevalencia.es - ♿ - lun.-sam. 10h-18h30, dim. 14h-18h30 ; horaires variables les jours de messe, se rens. au 661 909 687 - dernière visite 45mn av. la fermeture - 8 € (-12 ans 5,50 €).*

Elle occupe l'emplacement de la Grande Mosquée. Les travaux commencèrent en 1262, mais la plus grande partie de l'édifice, dont les lignes primitives sont à présent dégagées, date des 14e et 15e s.

Extérieur – La **façade principale**★, chef-d'œuvre baroque donnant sur la plaza de la Reina, a été réalisée à partir de 1713 d'après le projet d'un architecte allemand, **Konrad Rudolf**, imitateur du style du Bernin. Conçue comme un retable monumental, la façade aux courbes concaves et convexes a pour thème iconographique le Triomphe de la Vierge (sculpture de Francisco Vergara). En contournant l'édifice, on découvre *(sur la plaza de la Virgen)* la **porte des Apôtres**★ (Portada de los Apóstoles) décorée de sculptures gothiques, dont les originaux se trouvent au musée de la cathédrale (*p. 16*) ; le tympan figure une Vierge à l'Enfant entourée d'anges musiciens. C'est ici que se réunit chaque jeudi à 12h le Tribunal des eaux (*encadré p. 16*). Le **chevet**, habillé d'une triple rangée d'arcades appelée *Obra Nova*, faisait office de tribune pour assister aux cérémonies et processions officielles. Cette tribune fut réalisée vers 1566 par le tailleur de pierre Miguel Porcar, selon

La cathédrale depuis la carrer Palau.
venemama/iStock

le dessin de Gaspar Gregori qui avait puisé son inspiration dans les théories architecturales du Romain Sebastiano Serlio. Une **galerie** fermée, enjambant la rue, relie directement la cathédrale à la basilique Nuestra Señora de los Desamparados ; sous cette galerie, remarquez le petit autel ouvert sur la rue, abrité derrière une grille en fer. Selon la tradition, c'est ici qu'aurait été célébrée la première messe après la Reconquête. Enfin, la **porte de La Almoina**, calle Palau, est romane.

Intérieur – Bien que les voûtes gothiques ne soient pas très hautes, on est frappé par la clarté qui provient des fenêtres aux vitres d'albâtre de la **tour-lanterne**. Élégante, elle constitue un bel exemple de style gothique flamboyant. Le retable du maître-autel, peint au début du 16ᵉ s. par deux artistes castillans, **Fernando de Llanos** et **Yáñez de la Almedina**, représente les vies du Christ et de la Vierge. Sur la corniche, six statues en bois doré sculptées par Tomás Sánchez représentent les saints vénérés à Valence, notamment san Vicente Mártir. Au-dessus, la voûte est recouverte d'un ciel étoilé et d'anges musiciens, œuvre de style Renaissance réalisée par deux peintres italiens, Francesco Pagano et Paolo da San Leocadio. Redécouvertes sous un décor baroque en 2004, ces peintures avaient été commandées en 1472 par **Rodrigo de Borgia**.

Dans le déambulatoire, derrière le maître-autel, un beau portique Renaissance cache une Résurrection (1510) en albâtre translucide. En face, la Virgen del Coro (par Joan de Castellnou, 15ᵉ s.), en albâtre polychrome de style gothique tardif, est toujours ornée des fleurs que déposent les dévots. À droite, le Christ « de la Bonne Mort » est situé dans une chapelle.

Capilla San Francisco de Borja – Elle est ornée de deux toiles de **Goya** (1788) représentant des épisodes de la vie de saint François. Dans le magnifique *Saint François et le Moribond impénitent*, on remarque les créatures cauchemardesques qui peupleront l'œuvre du peintre.

Musée★ – On peut y admirer une belle collection d'objets liturgiques, de retables médiévaux (dont le magnifique *Transit de la Vierge*) et de tableaux de la Renaissance. C'est ici également que sont exposées les statues originales de la porte des Apôtres (retirées dans les années 1960 en raison de leur mauvais état de conservation). On découvre aussi les vestiges romains, arabes et médiévaux découverts lors des fouilles sous la cathédrale.

On accède à la chapelle du Saint-Calice par le musée.

Le Tribunal des eaux

C'est devant la porte des Apôtres que se réunissent, chaque jeudi à 12h depuis l'an 960, les juges du Tribunal des eaux, chargés de résoudre les litiges liés à l'usage de l'eau dans la « huerta ». Leur jugement oral (en valencien) est sans appel… et nul ne s'aviserait de le contester ! Il est inscrit au Patrimoine immatériel de l'humanité.

Capilla del Santo Cáliz★ – Elle est surmontée d'une élégante voûte nervurée en étoile. Derrière l'autel, les douze bas-reliefs d'albâtre dus au sculpteur florentin Poggibonsi (appelé Julián Fiorentino à Valence) comptent parmi les premières œuvres de la Renaissance espagnole. Ils habillent le retable gothique créé à partir de l'ancien portail du chœur. Au centre trône une magnifique **coupe d'agate**. Il s'agirait du Saint-Graal, qui aurait servi pendant la Cène, et dans lequel auraient été recueillies quelques gouttes du sang du Christ. Au mur sont exposées les chaînes du port de Marseille, trophée du roi Alfonso V d'Aragon après sa conquête de la ville en 1423.

El Miguelete★ – *✆ 963 918 127 - avr.-oct. : tlj 10h-19h30 ; nov.-mars : lun.-vend. 10h-18h30, sam. 10h-19h, dim. et j. fériés 10h-13h, 17h30-19h - 2 € (-14 ans 1 €).* Accolée à la façade de la cathédrale, cette tour gothique octogonale, symbole de la cité, doit son nom à la grosse cloche baptisée le jour de la Saint-Michel. Du sommet, on surplombe les toits de la ville et les innombrables coupoles d'églises aux tuiles vernissées.

MUSEO ARQUEOLÓGICO DE LA ALMOINA★

E3 *Pl. de Décimo Junio Bruto (Cosol Romá) - ✆ 962 084 173 - ♿ - lun.-sam. 10h-19h, dim. et j. fériés 10h-14h - fermé 1er Mai, 25 déc., 1er et 6 janv. - 2 € (gratuit dim. et j. fériés).*

Sous la place, des fouilles ont mis au jour des vestiges datant, pour les plus anciens, de l'époque romaine. La visite permet de découvrir les fondations d'une véritable ville souterraine. On effectue sur des passerelles transparentes un parcours qui dévoile la Valence romaine (axes de la ville, thermes, basilique, curie, forum, *horreum* ou grenier à céréales, etc.) et wisigothique (baptistère, vestiges de la cathédrale, tombes monumentales contenant des ossements). Voir aussi les fondations de l'ancienne église construite à l'emplacement où fut martyrisé San Vicente Mártir, patron de la ville. Cette promenade souterraine, coupée de l'effervescence de la ville, est empreinte d'un charme mélancolique.

Voir aussi l'encadré p. 112.

CASA DEL PUNT DE GANTXO

E3 *Pl. de La Almoina.*

La façade de cet immeuble édifié en 1909 par l'architecte valencien Manuel Peris Ferrando se distingue par l'emploi d'éléments décoratifs originaux. Sur un fond de céramique colorée à décor de feuillages se détachent des pilastres dont les chapiteaux sont constitués de motifs végétaux (branchages et fleurs).

MUSEO DE LA CIUDAD

(Musée de la Ville)

E3 *Pl. del Arzobispo, 3 - ✆ 963 941 417 - ♿ - lun.-sam. 10h-19h (18h oct.-mars), dim. et j. fériés 10h-14h - 2 € (7-12 ans 1 €), gratuit w.-end et j. fériés.*

Installé dans le palais du marquis de Campo (18e-19e s.), il abrite une partie des collections d'art municipales. Quelques beaux ivoires des 14e et

CATHÉDRALE ET BARRIO DEL CARMEN
0
100 m
Casa-Museo José Benlliure
Centro del Carmen
IVAM - Instituto Valenciano de Arte Moderno
Centro Valenciano de Cultura Mediterránea
EL CARMEN
Pl. J. Maroto Gonzalez
Pl. del Carmen
Portal de la Valldigna
Museo L'Iber
Palacio de los Mercader
Palacio de los Centelles
San Nicolás
Jardín Botánico
Torres de Quart
Santos Juanes
Lonja de la Seda
Mercado Central
Plaça Rojas Clemente
C. de Guillem de Castro
Puente de las Artes
C. de Quart
C. del Turia
C. del Pintor Zariñena
C. del Doctor Beltrán Bigorra
C. de Pere Bonfill
C. del Padre Manjón
C. de Andrés Juliá
C. de Roger de Lauria
C. de Baja
C. de la Corona
C. de Borrull
C. de Lepanto
C. de Murillo
C. de Tejedores
C. de Valeriola
C. de Eixarchs
C. de Carniceros
C. de Balmes
C. de Viana
C. de Triador
C. de Sorolla
C. de Guillem
C. del Angelicot
C. de Espinosa
C. del Maestro Palau
C. de S. Pedro Pascual
C. de Camarón
Gran Vía de Fernando el Católico
C. de Calixto III
C. del Doctor Peset Cervera
C. del Pie de la Cruz
Av. del Barón de Cárcer
C. de Adresadors
C. de Escolano
C. de las Danzas
C. de la Bolsería
C. de las Monjas
C. de Sta Teresa
C. de la Cardá
C. de Maldonado
C. de Vinatea
C. del Torno del Hospital
C. de Recaredo
C. de Palomar
C. de Pinzón
C. de Rueda
C. de Aladrers
C. de Lope de Rueda
C. del Pintor Domingo
C. de En Sendra
C. de Arolas
C. de Foyos
C. de Na Jordana
C. del Marqués de Caro
C. Doctor Chiarri
C. del Pozo
C. de Ripalda
C. de S. Ramón
C. de Santo Tomás
C. de Don Borrás
C. de Raga
C. de Mcrella
C. Alta
C. de S. Miguel
C. del Moro Zeit
C. Vieja de la Paja
C. de Salvador Giner
C. de los Huertos
C. del Museo
C. de la Palma
C. de la Beneficencia
C. de las Salinas
C. de Guillem de Castro
Paseo de la Pechina
C. del Doctor Sanchís Bergón
C. de Liria
C. del Rafol
C. de En Gil
C. de Mallorquins
C. del Músico
C. del Abate
C. de Rumbal
C. de las Calabazas
C. del Doctor Montserrat
C. del Botánico
C. de la Flor
C. de Bany
4 29 49 51 17 15 30 34 55 50 21 19 33 3 18 13 9 5 8 11 4 14 36 31 45 10

18

N
Jardines del Turia
Torres de Serranos
Museo Municipal de Ciencias Naturales
Museo de Bellas Artes San Pío V
Jardines del Real
Palau de la Generalitat Valenciana
Basílica Nuestra Señora de los Desamparados / MUMA
Pl. del Manises
Caballeros
Pl. de la Virgen
Casa Vestuario
Almudín
Pl. San Luis Beltrán
La Almoina
Museo de la Ciudad
Casa del Punt de Gantxo
Catedral
El Miguelete
Cripta Arqueológica de la Cárcel de S. Vicente Mártir
Pl. de la Reina
Sta Catalina
San Juan del Hospital
Convento de Santo Domingo
Plaza Redonda
Museo Nacional de Cerámica y Artes Suntuarias González Martí
Pal. del Marqués de Dos Aguas
Colegio del Patriarca o del Corpus Christi
Universidad de Valencia
Pl. de M. Benlliure
Pl. Alfonso el Magnánimo
LA GLORIETA
Pl. Porta de la Mar
Puente del Real
C. de la Paz
C. del Mar
C. de S. Pío V
Paseo de la Ciudadela
C. de Blanquerías
C. del Conde de Trenor
C. de Zapateros
C. de Bailen
C. de los Juristas
C. del Milagro
C. del Pintor Sorolla
C. Barcelonina
C. de Salvá
C. de Barcelona
C. de Cerdán de Tallada
C. del Palacio de Justicia
C. de Ximénez de Sandoval
C. del General Tovar
C. de Colón

SE RESTAURER
- Bar Almudín 1
- Birlibirloque Bar 40
- Bisbe Gastro Taberna 2
- Blanqueries 53
- Boatella Tapas 11
- Central Bar by Ricard Camarena 36
- Delicat 56
- El Encuentro 27
- El Ocho y Medio 8
- Federal 32
- Karak 31
- La Carme 51
- La Cigrona 39
- La Comisaría 50
- La Lluna 29
- La Pitusa 30
- La Riuà 7
- La Salvaora 35
- La Utielana 4
- Manāw - Nikkei Bar 45
- María Mandiles 34
- Orio 19
- Ostras Pedrín 47
- Refugio Restaurante 49
- Sagardi 10
- Taberna El Olivo 55
- Taberna Jamón Jamón 13
- Taberna La Sénia 14
- Tasca Ángel 3

PRENDRE UN VERRE
- Bar Los Picapiedra 13
- Café Lisboa 14
- Café Museu 15
- Café Negrito 9
- Cappuccino 4
- Ghecko 10
- Horchatería Santa Catalina 2
- La Cava del Negret 11

SHOPPING
- @typical Valencia 13
- Abanicos Vibenca 39
- Bodegas Baviera 15
- Boutique Lladró 1
- Bugalú 9
- Cestería El Globo 10
- Chez Ramón 2
- Kupka 5
- Mercadillo de la plaza Redonda 12
- Mercado Central 14
- Mercado de Tapinería 11
- Mercado Mossén Sorell 17
- Monterey Bar & Discos 21
- Original CV 4
- Pannonica Vintage 19
- Santo Spirito Vintage 33
- Simple 34
- Studio Vintage 20
- Tienda de las Ollas de Hierro 35
- Tresors 18
- Turrones Ramos 3

SORTIR
- Café de las Horas 30
- Café del Duende 4
- Jimmy Glass Jazz Bar 3
- L'Ermità Café Cultural 20
- Radio City 5

SE LOGER
- Ad Hoc Monumental 5
- Caro Hotel 6
- Cosy Rooms Bolsería 9
- Cosy Rooms Embajador 2
- Home Youth Hostel 8
- Hostal Antigua Morellana 7
- Petit Palace Plaza de la Reina 3
- SH Inglés Boutique Hotel 4
- Valenciaflats Catedral 10

15e s. y sont conservés. Au 2e étage, importante collection de poids et mesures.

CRIPTA ARQUEOLÓGICA DE LA CÁRCEL DE SAN VICENTE MÁRTIR★

(Crypte archéologique de la prison de saint Vincent le Martyr)

E3 *Pl. del Arzobispo, 1 - ✆ 962 084 573 - ♿ - lun.-sam. 10h-14h, 15h-19h, dim. et j. fériés 10h-14h - 2 € (7-12 ans 1 €), gratuit dim. et j. fériés.*

Cette crypte héberge une petite chapelle funéraire, parfaitement conservée, qui s'érige telle une sépulture encadrée de quatre dalles de chancel (clôture de chœur) finement décorées de rinceaux. Pendant l'époque islamique, elle servit de bains. On peut également y voir deux sarcophages wisigoths en pierre et une peinture murale du 2e s. représentant le dieu Mercure. Le documentaire audiovisuel projeté sur les murs durant la visite nous fait voyager dans le temps à travers l'histoire de saint Vincent. Ce diacre venu de Saragosse fut exécuté dans un pressoir... ce qui lui vaut d'être devenu le saint protecteur des vignerons !

Entourée de palais, la **plaza San Luis Beltrán** est dédiée à un saint valencien qui prêcha aux Amériques au 16ᵉ s. Le saint homme est représenté sur la petite fontaine en son centre.

ALMUDÍN

E3 Pl. San Luis Beltrán, 1 - ✆ 963 525 478 - ♿ - mar.-sam. 10h-14h, 15h-19h, dim. et j. fériés 10h-14h - gratuit ; expositions temporaires : 2 € (7-12 ans 1 €), gratuit dim. et j. fériés.

Dans l'Almudín (nom dérivé d'*almud*, unité de mesure arabe), ancien dépôt à grain du début du 15ᵉ s. (restauré au 16ᵉ s.), sont conservées de belles peintures murales de style populaire datées du 17ᵉ s. L'espace, de plan basilical à trois nefs, est utilisé pour des expositions temporaires.

PLAZA DE LA VIRGEN★

E3 Sur l'emplacement de l'ancien forum, cette charmante place piétonne, dont la physionomie n'a pas changé depuis l'époque médiévale, est le centre névralgique de Valence. Sa rafraîchissante **fontaine** rend hommage au système d'irrigation de la ville créé par les Romains et agrandit ensuite par les Arabes : l'homme au centre symbolise le fleuve Turia. Il est entouré de huit jeunes filles représentant les huit canaux qui alimentent Valence. Bordée par la Basílica Nuestra Señora de los Desamparados, le Palau de la Generalitat Valenciana et le chevet de la cathédrale, cette place abrite également la Casa Vestuario, où les juges du **Tribunal des eaux** (p. 16) se réunissent avant leur délibération publique, chaque jeudi. Souvent animée par des spectacles, la place prend toute sa dimension symbolique lors de la sortie en procession de la Vierge des Désemparés (*p. 116*).

BASÍLICA NUESTRA SEÑORA DE LOS DESAMPARADOS/ MUMA (MUSEO MARIANO)

(Basilique de la Vierge des Désemparés)

E3 Pl. de la Virgen - ✆ 963 919 214 - www.basilicadesamparados.org - ♿ - musée : lun.-vend. 10h-15h, sam. 10h-14h, 16h30-18h30 - 4 €.

Elle fut construite sur un plan en ellipse durant la seconde moitié du 17ᵉ s. Reliée au chevet de la cathédrale par une galerie Renaissance, elle abrite la statue de la patronne vénérée des Valenciens : la **Vierge des Désemparés★**, surnommée « la Petite Bossue ». La coupole fut peinte par Antonio Palomino en 1701. Installé à l'étage, au-dessus de la tribune de la basilique, le MUMA accueille une exposition consacrée à l'évolution du thème marial dans l'art (peinture, sculpture, céramique, orfèvrerie, etc.).

PALAU DE LA GENERALITAT VALENCIANA★

(Palais de la Généralité valencienne)

D-E3 Caballeros, 2 - ✆ 963 424 636 - mat. - visite uniquement sur RV.

chrisdorney/iStock

Lonja de la Seda.

Construit au 15e s., ce beau palais gothique (auquel fut ajoutée une tour au 17e s., puis une autre identique au 20e s.) était, jusqu'en 1707, le lieu où se réunissaient les députés des Cortes valenciennes chargées de recueillir l'impôt. On pénètre dans un élégant patio gothique décoré d'une sculpture de Benlliure, *L'Enfer de Dante* (1900). Puis on visite un salon dont le **plafond artesonado★**, doré et polychrome, est admirable ; un grand tableau représente le Tribunal des eaux. Au 1er étage, la salle des rois (portraits des rois valenciens) donne accès à l'oratoire (retable du Valencien Juan Sariñena du 16e s.) et au grand salon des Cortes dont la frise d'azulejos et le plafond à caissons datent du 16e s.

PLAZA DEL MANISES

D-E3 Cette petite place, adossée au Palau de la Generalitat, est bordée par quelques maisons nobles, comme le **Palacio del Marqués de la Scala**. On y voit également le clocher de l'ancienne **Iglesia San Bartolomé**.

CALLE DE CABALLEROS

D-E3 Elle part de la plaza de la Virgen et pénètre dans le quartier d'**El Carmen**. Toujours très animée, la rue principale de l'ancienne ville est bordée de plusieurs maisons ayant conservé leur patio gothique, notamment aux nos 26 le **Palacio de los Mercader** et 33 le **Palacio de los Centelles**.

MUSEO L'IBER

D3 *Caballeros, 22 - ✆ 963 918 675 - www.museoliber.org - ♿ - août : merc.-dim. 10h-14h, 16h-19h ; reste de l'année : sam. 11h-14h, 16h-19h, dim. 11h-14h - 5 €.*

Ce musée est situé dans un ancien palais gothique, le **Palacio de los Malferit**, remanié à la Renaissance. Il expose une remarquable collection de **soldats de plomb** avec des reconstitutions de batailles.

IGLESIA DE SAN NICOLÁS★★

D3 *Caballeros, 35 - ✆ 963 913 317 - www.sannicolasvalencia.com - mar.-sam. 10h30-20h30 (sam. 19h30), dim. 13h-20h30 - 5,50 € (-12 ans gratuit).*

C'est l'une des plus anciennes églises de la ville. L'intérieur a été

complètement transformé dans le style churrigueresque (baroque exubérant). On peut y admirer un exceptionnel ensemble de **fresques** (2 000 m²) réalisées au tout début du 18e s. par **Dionís Vidal**, disciple d'Antonio Palomino, dont l'effet en trompe-l'œil profite des cavités des voûtes gothiques. Racontant les vies de San Nicolás et de San Pedro Mártir (l'autre titulaire de l'église), elles ont retrouvé tout leur éclat grâce à un travail de restauration exemplaire opéré entre 2008 et 2016. Remarquez le retable de Juan de Juanes dans la chapelle à gauche de l'entrée et le calvaire d'Osona le Vieux dans celle des fonts baptismaux. Dans le chœur, le **maître-autel** baroque est flanqué de deux retables, aussi de Juanes, commandés par les tisseurs de Valence, dont les ciseaux à tondre sont visibles à l'intérieur des écussons.
Sur la **plaza San Nicolás**, observez l'immeuble à la façade jaune. À chaque angle sont peintes des fenêtres en trompe-l'œil, où apparaissent des personnages issus de tableaux célèbres.

LONJA DE LA SEDA★★

(Loge de la Soie)

D3 *Pl. del Mercado (accès calle Lonja, derrière l'édifice) - ✆ 962 084 153 - ♿ - lun.-sam. 10h-19h, dim. et j. fériés 10h-14h - 2 €, gratuit dim. et j. fériés.*
À la demande des marchands de soie de Valence, cette **loge de la Soie** fut construite à partir de 1483 par les maîtres d'œuvre Pere Compte et Joan Ibarra dans le style gothique flamboyant. En 1996, elle a été inscrite au Patrimoine de l'humanité.
Couronnée d'un faîtage crénelé, la façade principale de la Lonja (juste en face du Mercado Central) s'ouvre par un beau portail. Séparée de celui-ci par une tour, la partie gauche est surmontée d'une galerie ornée d'une frise de profils en médaillons. Que ce soit à l'extérieur ou à l'intérieur de l'édifice, vous pourrez vous amuser à observer, délicatement sculptés au milieu de feuilles d'acanthe ou de motifs d'artichaut, une multitude de personnages, aux activités des plus variées. On accède à la Lonja par un élégant patio ombragé autour duquel se répartissent les différentes salles. Sur la gauche, on admire la superbe **salle du Négoce de la soie★★**, dont les hautes voûtes ogivales en étoile sont supportées par huit fines et élégantes colonnes torsadées, et les murs percés de fenêtres à fins remplages.
On passe ensuite au deuxième édifice de la Lonja : le **Consulat de la Mer**, qui accueillait autrefois le tribunal du commerce maritime. Au rez-de-chaussée (accès par la salle du Négoce), on visite une petite salle aux sublimes plafonds. À l'étage, la Salle dorée est surmontée d'un magnifique plafond à caissons en bois doré, qui ornait l'ancien hôtel de ville.

IGLESIA DE LOS SANTOS JUANES

D3 *Près du Mercado Central.*
La nef de cette vaste église de style gothique, a été recouverte aux 17e et 18e s. d'un étonnant amas de stucs baroques. Depuis la Lonja, on peut admirer la tourelle couronnant la

façade. Théâtre des exécutions lors de l'Inquisition, l'église a conservé des cellules.

MERCADO CENTRAL★★

(Marché central)

D4 *Av. María Cristina/Pl. del Mercado - ♿ - 7h30-15h sf dim.*

Construit par Alejandro Soler et Francesc Guàrdia entre 1914 et 1928, c'est l'un des plus grands marchés couverts d'Europe (8 000 m²). Bâti sur une structure métallique, ce fleuron de l'architecture moderniste présente des façades à plusieurs niveaux, où partout sont représentées des oranges, symbole de l'expansion de Valence. Occupant plusieurs nefs dont l'intersection est marquée par une grande coupole, près d'un millier d'étals s'animent d'une intense activité. Valenciens et touristes s'y côtoient dans une ambiance exultante et très méditerranéenne.

IGLESIA DE SANTA CATALINA

D-E3-4 Cette église fut construite après la Reconquête sur les fondations d'une ancienne mosquée. Elle se signale par son beau **clocher baroque★** (17e s.), de plan hexagonal, qui se voit surtout de la **plaza de la Reina** et de la **calle de la Paz** (*p. 27*).

PLAZA REDONDA

D-E4 Cette place circulaire, avec en son centre une fontaine, est appelée localement **El Clot** (« Le Trou »). D'une unité parfaite, elle a été dessinée en 1840 par un architecte néoclassique, Salvador Escrig Melchor. Restaurée en 2012, elle est entourée d'échoppes où sont vendues des dentelles et de la passementerie. Une à deux fois par semaine, des dentellières viennent partager leur savoir-faire. Au sol, une citation de Vicente Blasco Ibáñez dans *Arroz y Tartana*, fait référence à cette place.

PALACIO DEL MARQUÉS DE DOS AGUAS★★

E4 En 1740, le marquis de Dos Aguas entreprit de rénover une demeure du 15e s. pour en faire le splendide palais baroque que l'on découvre aujourd'hui. Il fit appel au peintre Hipólito Rovira (1693-1765) et au sculpteur **Ignacio Vergara** (1715-1776) pour créer des façades baroques. Les murs furent alors entièrement peints par Luis Domingo, en imitation marbre. On ajouta de riches balcons, et le maître d'œuvre conçut un incroyable encadrement de **porte en albâtre★★★**. Sculpté en haut-relief de motifs végétaux et anthropomorphes, il représente les deux fleuves Turia et Júcar. Au-dessus de la porte se détache une figure de la Vierge du Rosaire.

MUSEO NACIONAL DE CERÁMICA Y ARTES SUNTUARIAS GONZÁLEZ MARTÍ★★

E4 *Rinconada García Sanchís et c/ Poeta Querol, 2 - ✆ 963 516 392 - www.culturaydeporte.gob.es/mnceramica - ♿ - mar.-sam. 10h-14h,*

Le palais du Marquis de Dos Aguas.

16h-20h, dim. et j. fériés 10h-14h - fermé 1er et 6 janv., 1er Mai, 25, 26 et 31 déc. - 3 € (-18 ans, sam. apr.-midi et dim. gratuit).

Au rez-de-chaussée, on peut admirer un **carrosse★** richement décoré ayant appartenu au marquis de Dos Aguas (1753) et un autre beaucoup plus sobre de 1800.

Le **1er étage** conserve le faste et les décorations propres aux palais (plafonds peints, sols en marbre et somptueux mobilier). Après l'élégant patio, on traverse, à l'étage, un petit **salon chinois**, la salle à manger, le fumoir et l'oratoire.

Au **2e étage**, après une introduction à l'univers de la poterie, on visite la salle des céramiques musulmanes. On y découvre des pièces aux reflets métalliques (13e et 14e s.) provenant de Málaga, Murcie et Manises, qui attestent de la continuité entre la céramique musulmane et la production chrétienne. Le 15e s. est le Siècle d'or de la **céramique de Manises**, où la technique des reflets métalliques est très répandue. Une petite salle présente des **socarrats**, carrés de céramique en relief destinés au décor des plafonds. La salle des faïences du 19e s. témoigne de la prédominance de Manises à cette époque. Le 20e s. est marqué par l'apport d'artistes renommés. Notez la très belle reconstitution d'une cuisine valencienne, aux parois littéralement recouvertes d'azulejos.

Le **3e étage** présente des expositions temporaires.

La visite s'achève dans les appartements du marquis au **1er étage**, avec une chambre aux murs recouverts de stucs polychromes. On découvre une autre pièce richement meublée, l'ancien boudoir, présentant une belle maison de poupées, puis un cabinet de toilette. La salle suivante contient une série de **meubles de Dresde** ornés de plaques de porcelaine de la Manufacture royale de Berlin (1863). Le lustre en porcelaine provient des manufactures de Saxe. Le Salon rouge déploie un sol en marbre représentant les initiales du marquis (MD). La visite se termine par la vaste **salle de bal** dont le plafond peint est dû à l'artiste valencien José Brel (19e s.).

UNIVERSIDAD DE VALENCIA

E4 *Nave, 2 - ✆ 963 864 377 - ♿ - lun.-vend. 8h-21h, sam. 9h-13h30 - accès libre - expositions temporaires mar.-sam. 10h-13h, 16h-20h, dim. 10h-13h.*

Une jolie place ombragée et dotée de bancs invite au repos et à la contemplation : au centre de la façade en brique s'élève une fontaine à portique abritant un groupe de statues. À l'intérieur, les bâtiments s'ordonnent autour d'un beau patio à deux niveaux.

COLEGIO DEL PATRIARCA O DEL CORPUS CHRISTI★

E4 *Nave, 1.* Fondé par Juan de Ribera, qui fut archevêque de Valence et patriarche d'Antioche, cet ancien séminaire remonte au 16e s. Au centre de son patio à l'harmonieuse architecture (colonnes en marbre Renaissance et soubassement d'azulejos) se trouve la statue du fondateur réalisé par Benlliure. L'**église** est l'un des rares exemples en Espagne de sanctuaire Renaissance décoré à fresque ; la partie inférieure est ornée de magnifiques azulejos de Manises. De l'autre côté du vestibule, la chapelle de la Purísima contient quatre tapisseries flamandes du 15e s. Son plafond peint par Tomás Hernández représente les prophètes et trois scènes de l'Ancien Testament.

Le **Museo del Patriarca** rassemble d'intéressantes œuvres du 15e au 18e s. : tableaux de Juan de Juanes, **triptyque de la Passion★** de Dirk Bouts, une admirable croix byzantine provenant du mont Athos, un *Ecce Homo* par Ribera, ainsi que des peintures de **Morales** et du **Greco** *(Adoration des bergers)*.

CALLE DE LA PAZ

E4 Cette rue compte de nombreux immeubles historicistes *(☛ p. 112)*, avec des touches modernistes (azulejos, ferronneries). À son extrémité, sur la **plaza de la Reina**, s'élève l'ancien magasin **La Isla de Cuba**, édifié par Lucas García Cardona en 1896, qui y mélange avec succès un vocabulaire historiciste classique et des techniques nouvelles, comme l'emploi de colonnettes en fonte. Le décor se concentre sur la frise supérieure, constituée de palmettes à la grecque, et sur les panneaux de céramique (danseuses antiques en bleu sur fond rosé).

IGLESIA DE SAN JUAN DEL HOSPITAL★

E3 *Trinquete de Caballeros, 5 (accès par un patio) - ✆ 963 922 965 - ♿ - lun.-ven. 10h30-13h30, 17h-18h30. Jours de messe : lun.-vend. 7h15, 10h, 19h, sam. 10h, 12h, 19h, dim. et j. fériés. 12h, 13h, 19h, 20h.*

Cette belle église de style gothique primitif fut érigée en 1238. Fondée par les chevaliers de l'ordre de Saint-Jean-de-Jérusalem, elle fut le premier édifice construit à Valence après la Reconquête. De plan rectangulaire à chevet polygonal, sans transept, elle se compose d'une nef unique recouverte d'une voûte en berceau brisé, et de plusieurs chapelles. Remarquez, à gauche, la chapelle dont les murs et la voûte sont recouverts de peintures figurant l'archange saint Michel (13e s.). La troisième chapelle latérale gauche possède un retable Renaissance du 16e s. représentant la Passion. À droite, on notera la chapelle de style baroque *(la 1re en partant du chevet)* et un calvaire *(dernière chapelle)* des 12e et 14e s. magnifiquement sculpté.

Barrio del Carmen★

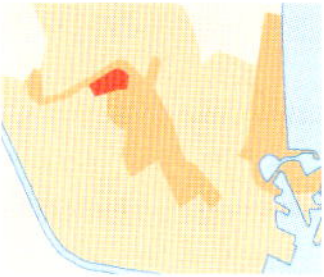

Haut lieu de la vie nocturne, ce quartier (El Carme en valencien) à l'atmosphère paisible et intime s'est développé sur un ancien faubourg, entre la muraille construite au 11e s. par les musulmans et celle des chrétiens élevée après la Reconquête à partir de 1356. Habité au Moyen Âge par des artisans regroupés en corporations, ce quartier fut célèbre pour ses maisons closes. Il changea par la suite radicalement de vocation en accueillant de nombreux couvents, dont celui des Carmes qui lui a donné son nom. Malfamé au 19e s. pendant la révolution industrielle, il a été investi à partir de 1980 par la jeunesse valencienne qui y fréquente ses cafés et ses boîtes de nuit, et s'est doté depuis de plusieurs équipements culturels de qualité.

▶**Accès :** Ⓜ Turia. La calle de Caballeros conduit au cœur du quartier qui s'étend au nord de la vieille ville, jusqu'au cours du río Turia.

Plan de quartier p. 18-19. Plan détachable C-D-E 2-3.

▶**Conseil :** À visiter de jour (musées), comme de nuit (bars et restaurants).

« Nos adresses » p. 61, 71, 77 et 80.

TORRES DE SERRANOS★

E2 *Pl. de los Fueros - ☎ 963 919 070 - lun.-sam. 10h-19h, dim. et j. fériés 10h-14h - 2 € (7-12 ans 1 €), gratuit dim. et j. fériés.*

Ancienne porte de la muraille de Valence, ces tours, très restaurées, sont un exemple de l'architecture militaire de la fin du 14e s. Elles avaient également une fonction d'arc triomphal, ce qui explique la fine dentelle gothique au-dessus de la porte tournée autrefois vers l'extérieur de la ville. C'est sur ce côté que se concentrent les appareils défensifs. Côté ville, les salles sont entièrement ouvertes en loggia, ce qui empêchait l'ennemi de pouvoir s'y établir, même en prenant les tours. Remarquez le dessin très élégant des voûtes gothiques à croisée d'ogives. Du haut des tours, on bénéficie d'une **vue** étendue sur la ville et les jardins.

PLAZA DEL CARMEN

D2 Située au centre d'un lacis de ruelles tortueuses, ce fut naguère l'épicentre de la vie nocturne de Valence, jusqu'à ce que la *movida* locale abandonne les lieux. C'est aujourd'hui une place tranquille agrémentée d'un jardin, sur laquelle veille l'église de la Santa Cruz.

CENTRO DEL CARMEN

D2 *Museo, 2 - ✆ 963 152 024 - ♿ - mar.-dim. 11h-21h - gratuit.*
L'ancien monastère des Carmes abrita jusqu'en 1946 le musée des Beaux-Arts. Ses deux cloîtres et ses salles monastiques accueillent aujourd'hui expositions temporaires, installations et performances d'artistes.
Dans le très élégant **cloître gothique**, on peut découvrir un mausolée élevé à la mémoire de Blasco Ibáñez, réalisé en bronze et en marbre par Mariano Benlliure. Le second cloître, à deux niveaux, est d'époque Renaissance.

IVAM - INSTITUTO VALENCIANO DE ARTE MODERNO★

C2 *Guillem de Castro, 118 - ✆ 963 176 600 - www.ivam.es - ♿ - mar.-jeu. 10h-19h, vend. 10h-21h, sam.-dim. 10h-19h - fermé lun., 1er janv., 25 déc. - 6 € (-12 ans et dim. gratuit).*
Le **centre Julio González** est un vaste bâtiment consacré à l'art moderne et contemporain. Plus de 10 000 œuvres de grands artistes composent le fonds de ce musée, parmi lesquels Picabia, Robert et Sonia Delaunay, El Lissitzky. L'IVAM expose la quasi-totalité de la collection **Julio González** (1876-1942, *rez-de-chaussée, galerie n° 2*), un des principaux sculpteurs espagnols du 20e s. L'exposition présente les différentes périodes artistiques de l'artiste, également peintre, qui travailla principalement en France. Les œuvres de la fin de sa vie sont particulièrement émouvantes (*Masque de Montserrat criant*).
L'œuvre d'**Ignacio Pinazo** (1849-1916), qui constitue une partie importante du fonds d'art moderne, n'est présentée que lors d'expositions temporaires. Elle met en évidence la transition de la peinture académique vers la peinture moderne.
Au sous-sol, la **Sala de la Muralla** accueille des expositions temporaires autour d'un vestige de l'ancienne muraille médiévale.

CENTRO VALENCIANO DE CULTURA MEDITERRÁNEA★

C2 *Corona, 36 - ✆ 963 883 565 - mar.-dim. 10h-20h - fermé lun., 1er janv., 1er Mai, 25 déc.*
Cet ancien couvent d'augustins abrite un complexe culturel composé du **musée de la Préhistoire**, du **musée d'Ethnologie**, d'une bibliothèque et de la salle Parpalló, dédiée aux expositions temporaires.
Museo de Prehistoria de Valencia – Les produits des fouilles effectuées dans les gisements de la région, allant du paléolithique jusqu'à l'époque romaine, sont présentés de manière agréable et pédagogique. On y découvre notamment une reconstitution de fouilles, les plaquettes de la grotte del Parpalló, des céramiques néolithiques et des œuvres d'art ibère. Dans cette section, la statue en bronze du *Guerrier de Moixent* (4e s. av. J.-C.) et le *Tossal de Sant Miquel* ou vase des Guerriers (3e-2e s. av. J.-C.), sont particulièrement intéressants. La

période romaine est superbement illustrée par une statue en bronze à la cire perdue, l'**Apollon de Pinedo★**, découverte en mer en 1963.

Museo de Etnología – Ce petit musée présente l'évolution de la cité et de ses habitants entre 1800 et 1940. Une belle scénographie et un choix d'objets judicieux résument la mémoire matérielle et immatérielle de Valence.

CASA-MUSEO JOSÉ BENLLIURE

D2 Blanquerias, 23 - ☎ 963 911 662 - ♿ - mar.-sam. 10h-14h, 15h-19h, dim. 10h-14h - fermé lun. - 2 € (7-12 ans 1 €), gratuit w.-end et j. fériés.

Peintre académique renommé, **José Benlliure** (1855-1937) fit aménager cette demeure bourgeoise vers 1880. La maison, qui a conservé une partie de son mobilier, abrite une exposition des œuvres de Pepino et Mariano Benlliure, frère et fils du maître. Au fond du luxuriant jardin s'élève l'atelier du peintre, tel qu'il le laissa à sa mort : collections éclectiques, peintures inachevées, pinceaux et couleurs, objets ayant servi de modèles.

TORRES DE QUART★

C3 Pl. Guillem de Castro, 89 - ☎ 963 525 478 - lun.-sam. 10h-19h, dim. et j. fériés 10h-14h - 2 €, gratuit dim. et j. fériés.

Autre exemple d'architecture militaire médiévale, ces tours imposantes (14e s.) encadraient une des portes de la ville. Elles ont été construites selon la technique du mortier en coffrage, la pierre taillée étant réservée aux angles. En 1812, les tours furent très endommagées par les tirs de canons lors du siège de la ville par l'armée napoléonienne. Les murs portent encore quelques stigmates de cet épisode.

Non loin, le **Portal de la Valldigna** est une ouverture percée en 1440 dans la muraille arabe pour donner accès à la Morería, quartier où étaient confinés les musulmans demeurés à Valence après la Reconquête.

JARDÍN BOTÁNICO

B-C2-3 Quart, 80, à hauteur du Paseo de la Pechina - ☎ 963 156 800 - www.jardibotanic.org - mai-août : 10h-21h ; avr. et sept. : 10h-20h ; mars et oct. : 10h-19h ; nov.-fév. : 10h-18h - fermé 25 déc. et 1er janv. - 2 €.

Valence fut l'une des premières villes espagnoles à suivre la mode des jardins d'étude née au 16e s. en Italie. L'emplacement actuel de ce jardin date de 1802 et, en dépit d'une longue décadence au 20e s., il constitue aujourd'hui à la fois un centre de recherche et un environnement instructif et agréable pour la promenade.

À côté de la traditionnelle serre s'élève l'**Umbráculo★**, qui abrite une végétation de sous-bois : cette très élégante structure en fer, reconstruite en 1990, permet d'atténuer la lumière directe du soleil. Toutes les collections botaniques sont réparties par famille : palmiers, orchidées, plantes aquatiques ou encore médicinales.

Barrio del Carmen depuis les Torres de Serranos.

De l'hôtel de ville à l'Ensanche★

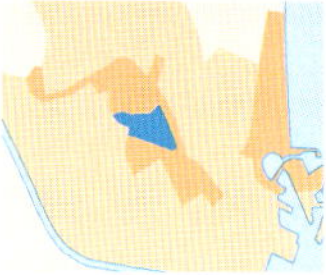

Le développement économique et l'émergence d'une bourgeoisie industrielle entraînèrent entre 1850 et 1920 l'urbanisation de quartiers nouveaux ou « extension » (Ensanche) au-delà des remparts, et un remodelage partiel du tracé des voies dans les quartiers historiques. On y construisit des bâtiments publics et des édifices spectaculaires dans le goût bourgeois de l'époque, avec ordre colossal, tourelles et profusion décorative. D'abord éclectique et historiciste (styles « néo »), l'architecture adopta le style moderniste dans les premières décennies du 20ᵉ s. Aujourd'hui, on y vient surtout pour ses boutiques de luxe ou pour ses nombreux bars et restaurants du côté de la calle del Conde de Altea.

▶**Accès :** Ⓜ Colón, Xàtiva ou Bailén. Au sud du centre historique de part et d'autre des calles Xàtiva et Colón.
Plan détachable D-E-F 5-6.

▶**Conseil :** Comptez une demi-journée, plus si vous pratiquez le lèche-vitrines.
« Nos adresses » p. 62-64, 71, 77-78, 82 et 86.

PLAZA DEL AYUNTAMIENTO★

(Place de l'Hôtel-de-Ville)

D-E4-5 Cette immense place de forme vaguement triangulaire, dessinée au 19ᵉ s. après la démolition en 1881 du Convento de San Francisco, n'a pris sa physionomie actuelle que dans les premières décennies du siècle suivant. Ornée d'une fontaine circulaire, de kiosques de fleuristes et de la statue de **Francesc de Vinatea** (1273-1333), c'est ici que se réunissent les Valenciens dans les grandes occasions, notamment lors des Fallas, quand toute la ville ou presque vient assister à l'assourdissante pétarade de la **mascletà** chaque jour à 14h (*p. 115*). C'est ici aussi que se dresse, toujours pendant les fêtes, l'immense **Falla del Ayuntamiento**, offerte par la municipalité.

La place est dominée par l'**hôtel de ville**, construit en 1915 ; il présente une façade éclectique (sculptures de Mariano Benlliure) à ordre colossal, deux tours d'angle coiffées de dômes, un portique d'entrée et un campanile. Il abrite le **Museo Histórico Municipal** (Musée historique municipal - *963 525 478 - ♿ - lun.-vend. sf j. fériés 9h-14h - 2 €*), qui conserve notamment la *senyera*, ou bannière de la ville (*encadré p. 115*), et l'épée de Jaume Iᵉʳ le Conquérant. Tout autour, les constructions rivalisent en hauteur et en profusion décorative, certaines couronnées de sculptures colossales.

MUSEO VALENCIANO DE LA ILUSTRACIÓN Y DE LA MODERNIDAD – MuVIM

(Musée valencien du Siècle des lumières et de la Modernité)
D5 *Quevedo, 10 et Guillén de Castro, 8 - ✆ 963 883 730 - www.muvim.es - ♿ - mar.-sam. 10h-14h, 16h-20h, dim. et j. fériés 10h-20h - 2 € (-7 ans 1 €), gratuit w.-end et j. fériés - visite scénarisée, sur réserv. à l'office de tourisme.*
Ce beau bâtiment moderne (2001) de l'architecte Guillermo Vázquez Consuegra sert de cadre à de nombreuses expositions artistiques. On peut y suivre un curieux parcours, guidé et mis en scène, s'intitulant « L'Aventure de la pensée », qui retrace cinq siècles d'histoire intellectuelle et sociale en Europe.

MUSEO Y COLEGIO DEL ARTE MAYOR DE LA SEDA

(Musée de la Soie)
D4-5 *Hospital, 7 - ✆ 963 511 951 - www.museodelasedavalencia.com - lun. 10h-15h, mar.-dim. 10h-19h - fermé 25 déc. et 1er janv. - 6 € (réduit 4,50 €) - boutique, restaurant.*
Aménagé dans l'ancien siège de la Corporation des artisans de la soie, aux somptueux sols en céramique du 18e s., le musée de la Soie permet de découvrir l'art de la soie, particulièrement florissant à Valence au 15e s. quand la cité devint un modèle de production. Grâce à l'immense patrimoine

P. Hauser/hemis.fr

Plaza del Ayuntamiento.

conservé, notamment un métier à tisser reproduisant le travail du 18e s., les visiteurs peuvent observer en direct la fabrication de la précieuse étoffe. Ne manquez pas les extraordinaires céramiques qui pavent la chapelle et le salon. Le musée propose aussi des expositions temporaires.

CORREOS

(Poste centrale)
E5 En face de l'hôtel de ville, au coin de la calle Correos, la poste centrale, inaugurée en 1923, se distingue par un dôme à décor néoclassique de guirlandes de fleurs et de rubans. Une tourelle métallique terminée par une mappemonde en symbolise la fonction. Au nord de cet édifice se dressent deux **bâtiments néogothiques** aux façades colorées. Au n° 8 de la place, remarquez un immeuble en brique avec ornements de céramique vert et jaune. Les motifs floraux stylisés et la haute tour géométrique en font un exemple parfait de l'**architecture Art déco**.

AVENIDA MARQUÉS DE SOTELO

D5 Là encore, plusieurs immeubles éclectiques arborent des façades mêlant styles, éléments et décors architecturaux hétéroclites : portails monumentaux, tours, terrasses superposées, campaniles, frontons de toutes formes.

ESTACIÓN DEL NORTE★★

(Gare du Nord)
D6 Monument emblématique de l'architecture moderniste de Valence, la gare du Nord fut construite par **Demetrio Ribes** de 1909 à 1917. Très fortement inspiré du style autrichien de la Sécession, notamment dans sa structure géométrique, cet édifice porte également l'empreinte de son environnement valencien, visible dans les ornements : frises de céramiques en relief figurant des orangers et panneaux de mosaïques décrivant des scènes agricoles de la **huerta**. Vous pourrez observer dans le hall d'autres détails décoratifs : colonnes-lampadaires, panneaux de mosaïque dorée déclinant la locution « *Buen viaje* » dans plusieurs langues, guichets en bois sculpté.

PLAZA DE TOROS

(Arènes)
D-E6 À côté de la gare, la Plaza de Toros, inaugurée en 1856, fut construite en style néoclassique par Sebastián Monleón qui s'inspira, dit-on, des arènes de Nîmes. C'est l'une des plus importantes d'Espagne.
Voir aussi nos rubriques « Corrida » p. 93 et « Toreros » p. 120.

CALLE DE CIRILO AMORÓS

E6-F5 Cette rue traverse un quartier résidentiel, **El Pla del Remei**, qui s'est développé à la fin du 19e s. et au début du 20e s. C'est aujourd'hui devenu un secteur très chic où se côtoient stylistes et boutiques de mode, surtout depuis la restauration exemplaire du Mercado de Colón. Au n° 26, remarquez les très beaux oriels reprenant des éléments de l'architecture gothique, notamment la rosace, et, au n° 27, une porte et un balcon de style Art nouveau mâtinés d'une touche d'art baroque espagnol. Au n° 29 s'élève la **Casa Ferrer**, dont la date de construction, 1908, figure sur le fronton. Édifiée par l'architecte Vicente Ferrer Pérez, elle développe un style Art déco caractéristique : motifs décoratifs de roses stylisées en céramique, disques en relief surmontant un triglyphe, fond décoratif en damier. Les frontons percés d'oculi sont traités en acrotères (ornements sculptés), se détachant sur le ciel.

MERCADO DE COLÓN★★

(Marché de Colón)

F5 *Jorge Juan, 19 - www.mercadocolon.es - ♿ - 8h-0h (w.-end 2h).*

Ce magnifique bâtiment de 1913 est l'œuvre de Francisco Mora y Belenguer, qui bénéficia de la collaboration du peintre Ramón Roca et du sculpteur Ricardo Tárrega. Les deux façades en brique sont réunies par une structure portante et une charpente métallique couverte en verre. La **façade principale★★** arbore une abondante décoration qui fait appel à la tradition valencienne : pierre « rustiquée » (travaillée pour lui donner un aspect rugueux), mosaïques très colorées figurant des scènes de la *huerta* comme la récolte des oranges, peintures, céramiques architecturales à reflets métalliques, vitraux. Le marché, qui ne remplit plus sa fonction principale, abrite quelques commerces et restaurants, dont le fameux Habitual (*p. 64*) de Ricard Camarena.

CASA DE LOS DRAGONES

F5 Située à l'angle de la calle de Sorni et de la calle Jorge Juan, cette demeure doit son nom aux sculptures qui ornent sa façade. En les détaillant, vous discernerez également une... locomotive ailée ! Construite en 1901 par José Manuel Cortina, elle reprend le répertoire néogothique traditionnel, au point que l'on a pu parler de « médiévalisme fantastique ».

BANCO DE VALENCIA

E5 Au carrefour de la calle del Pintor Sorolla, l'immeuble de cette banque développe, en façade et dans sa partie haute, un style néobaroque : peinture rose, motifs d'azulejos à dominante jaune, balcons courbes, encadrements de fenêtres moulurés et lanternon à colonnes.

Barrio de Russafa★

C'est le quartier branché de Valence. Commerces alternatifs, bars improbables, ateliers d'artistes ou de design, friperies, boutiques tendance, restaurants, cafés-théâtres et salles de concert ont envahi ses rues qui attirent une foule jeune, bohème et cosmopolite jusqu'au petit matin. Une visite incontournable pour découvrir la Valence qui se réinvente et qui bouge.

▶**Accès :** Ⓜ Xàtiva. Depuis la calle Xàtiva, par la calle de Russafa au-delà de l'avenida del Reino de Valencia. Les rues Cádiz et Sueca sont les principales artères du quartier, mais les petites rues perpendiculaires sont tout aussi vivantes.
Plan détachable E-F 7-8.
▶**Conseil :** Sauf si vous désirez y faire votre marché – auquel cas une visite matinale s'impose –, privilégiez la fin d'après-midi et la soirée, du jeudi au samedi, lorsque l'animation bat son plein dans le quartier.
« Nos adresses » p. 65, 72, 78 et 82.

Ce quartier est né d'un palais et d'un jardin d'agrément (*russafa* en arabe) aménagés au 9e s. par le souverain musulman Al-Balansi. Plus tard, Russafa devint un faubourg agricole de la ville, avant d'être rattaché à Valence lors de la démolition des remparts en 1877. Intégré dans le plan d'urbanisme de l'Ensanche, le quartier se vit doté de rues rectilignes à la place de celles de l'ancien village, au tracé plus fantaisiste.

La vie de quartier, où l'on tire sa chaise devant sa porte afin de prendre le frais en commentant les nouvelles du jour, contribue au charme du lieu où il fait bon se promener le long des rues bordées d'immeubles aux façades colorées, pourvues de motifs ornementaux en stuc et de balcons aux ferronneries ouvragées.

Un barrio animé

Ce quartier ouvrier connut une certaine effervescence dans les années 1930 sous l'influence des anarchistes qui en avaient fait leur quartier général : théâtres, salles d'exposition, revues littéraires et cafés y pullulaient. Après la Guerre civile, il entra dans une longue décadence, tout en demeurant un lieu animé par une « vie de rue » très active, même si sa réputation pâtit injustement de la présence de nombreux immigrés dans les années 1980.

MERCADO DE RUSSAFA

E7 *Barón de Cortes - 9h-14h sf dim.*
Ce marché aux étals très colorés, sans grand intérêt architectural, est considéré par les gourmets comme le meilleur de la ville.

A.Traver/age fotostock

Façades colorées dans le quartier de Russafa.

Juste à côté, l'église baroque San Valero est l'ancienne église du village indépendant.

CALLE DE CÁDIZ

E7-8 Elle traverse le quartier du nord au sud et arbore des façades fraîchement restaurées dans une belle harmonie de couleurs. Petits bars, restos et boutiques branchées bordent la rue.

SPORTING CLUB RUSSAFA

E6-7 *Sevilla, 5 - www.sportingclubrussafa.com.*
Cette association née en 2003 offre un vaste espace voué à la création culturelle : danse, spectacles, cinéma, événements littéraires ou encore expositions de peinture, sculpture, photo, etc.

COLOR ELEFANTE

E7 *Sevilla, 26 - ✆ 686 795 077 - www.facebook.com/colorelefante.*
Un lieu ouvert à toute forme d'art et d'expérience créative : musicale, graphique, culinaire, etc.

Russafart
C'est l'occasion de découvrir des ateliers d'artistes. La prochaine édition de cet événement qui se déroule tous les deux ans devrait se tenir en 2021 ou 2022 ! *(Agenda culturel p. 102).*

Jardins du Turia★

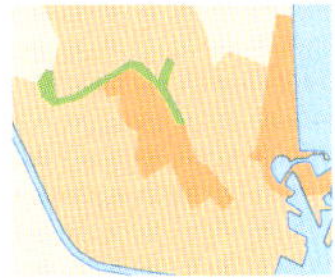

Ces jardins, plantés de palmiers, lauriers-roses et pins et équipés de terrains de sport et d'aires de jeux, occupent le lit asséché du río Turia. Communément appelée « El río » par les Valenciens, cette coulée verte de 7 km enjambée par dix-sept ponts conduit les promeneurs de la Cité des Arts et des Sciences au sud-est, jusqu'au Parque de Cabecera au nord-ouest. C'est après les crues particulièrement catastrophiques du 14 octobre 1957 qu'il fut décidé de détourner le cours du fleuve au sud de la ville. Transformer ce fleuve capricieux en belle et vaste promenade : voilà le tour de force qu'ont réalisé les Valenciens entre 1964 et 1973.

▶**Accès :** L'ancien cours du fleuve forme une courbe enserrant la vieille ville du sud-est au nord-ouest. L'itinéraire décrit ici part de la Cité des Arts et des Sciences (Ⓜ Alameda ou Aragón, *p. 42*) et arrive au Parque de Cabecera (à 10mn à pied de la station Ⓜ Nou d'Octubre).

Plan détachable A3-H8.

▶**Conseil :** Louez un vélo pour parcourir les jardins, comme font bon nombre de Valenciens. Avec des pistes cyclables et une végétation impeccablement entretenues, le dépaysement est garanti ! (*Voir rubrique « Vélo », p. 100).*

« Nos adresses » p. 66, 72, 83 et 87.

Entre la Ciudad de las Artes y las Ciencias et le Museo de Bellas Artes San Pío V, l'ancien cours du río Turia est traversé par plusieurs ponts comme le **Puente de Aragón**, édifice de pierre que l'on emprunte en voiture lorsque l'on arrive de Barcelone, et trois passerelles piétonnes : le **Puente del Mar** (construit en 1592-1596), le **Puente Calatrava** (**de la Exposición**, 1995), première réalisation de l'architecte dans sa ville natale, surnommé « Puente de la Peineta » en raison de sa forme (la *peineta* est un peigne qui se place dans la mantille), et le **Puente de las Flores**, décoré de plantes ornementales.

PARQUE GULLIVER

G-H7 *963 370 204 - tlj 10h-20h (en juil.-août 10h-14h, 17h-21h) - gratuit.*
Le paradis des enfants qui deviennent des Lilliputiens à l'assaut de cette immense structure du géant Gulliver allongé sur le sol. Un parcours ludique entre toboggans et autres toiles d'araignée.

PALAU DE LA MÚSICA

G6 *Paseo Alameda, 30.*
Moins spectaculaire que les bâtiments de la Cité des Arts et des Sciences, cette salle de concerts à l'acoustique exceptionnelle, conçue en 1987 par

l'architecte **José María de Paredes**, n'en est pas moins une remarquable réussite architecturale, notamment pour sa grande voûte en verre.

JARDINES DEL REAL★ ET JARDÍN DE MONFORTE★

F-G 1-3 *San Pío V, s/n - ouv. de 8h au coucher du soleil.*
Les **jardins du Real**, également appelés « Viveros » (serres), composent le plus grand parc de la cité valencienne. Le joli **jardin de Monforte** se trouve tout près *(pl. de la Legión Española - 10h30-20h)* et offre une séduisante promenade au milieu des statues italiennes en marbre et des bassins. Il est classé parmi les plus beaux jardins d'Espagne *(en cours de réaménagement lors de la rédaction de ce guide)*. Le **Puente del Real**, qui traverse les **Jardines del Turia** date du 16e s.

MUSEO MUNICIPAL DE CIENCIAS NATURALES

F2 *General Elio, 1 - mar.-sam. 10h-19h, dim. et j. fériés 10h-15h - 2 €.*
Le musée des Sciences naturelles, situé au cœur des jardins du Real, propose un voyage dans l'histoire de la vie à travers le prisme de la paléontologie. Ne manquez pas l'emblème du musée : le Megatherium.

MUSEO DE BELLAS ARTES SAN PÍO V★★

E-F2 *San Pío V, 9 - Ⓜ Pont de Fusta (ligne 4) - ✆ 963 870 300 - www.*

Porterre/iStock
Vue des jardins du Turia, depuis les Torres de Serranos.

museobellasartesvalencia.gva.es - ♿ - mar.-dim. 10h-20h - fermé 1er janv., Vend. saint, 25 déc. - gratuit.
Situé près des Jardines del Real, le musée des Beaux-Arts est installé dans un ancien séminaire (16e-17e s.). Il est surtout intéressant pour sa **collection de primitifs valenciens★★**. D'innombrables retables témoignent de la vitalité de l'école valencienne du 15e s. Parmi les artistes représentés, on relève les noms de Jacomart, Reixach, Osona le Vieux et Osona le Jeune. Remarquez l'époustouflant *Retable de la Conception*, œuvre de plusieurs artistes. D'autres très beaux retables sont à signaler, tels celui de *San Martín* (Gonzalo Pérez), marqué par l'art flamand,

ou celui de *Fray Bonifacio Ferrer*, de Gherardo Starmina. Dans un style gothique plus international, on remarquera les réalisations de Gonçal Peris Sarrià, dont un retable et le curieux petit tableau biface de *L'Annonciation* et *La Véronique de la Vierge*. Le *Triptyque des Injures* de l'atelier de Jérôme Bosch frappe par l'expressivité des visages.
La Renaissance se signale par les œuvres de **Macip** et **Juan de Juanes** *(Virgen del Venerable Agnesio)*, **Yáñez de la Almedina** et **Fernando de Llanos**, dont les tableaux colorés reflètent le style de Léonard de Vinci. Au début du 17e s., Ribalta *(Saint François embrassant le Crucifié)* introduisit en Espagne le ténébrisme (fort contraste entre l'ombre et la lumière, style de peinture utilisé par le Caravage), tendance qui culminera avec Ribera, présent dans le musée avec un impressionnant *Saint Sébastien*. Les grands noms du Siècle d'or espagnol – **Morales, Murillo** et **Velázquez** – sont présents ; **Goya** excelle dans sa maîtrise de l'art du portrait avec celui de son beau-frère *Francisco Bayeu*.
La peinture valencienne des 19e et 20e s. est bien représentée, avec des œuvres de Pinazo, Muñoz Degrain et **Joaquín Sorolla** *(p. 118)* ; un vaste espace dédié à celui-ci et à l'empreinte qu'il laissa sur son époque a d'ailleurs été inauguré il y a quelques années. Une galerie est consacrée aux sculptures de **Mariano Benlliure**. Admirez également une belle collection de sujets en terre cuite, de la main de Ignacio Vergara Gimeno. Dans le **vestibule principal** sont exposés quelques sculptures antiques ou médiévales, ainsi qu'un beau **sarcophage paléochrétien** de la fin du 4e s. Puis, on découvre les deux cloîtres, le deuxième – **patio Vich** (16e s.) – ayant été restauré avec audace.

BENIMACLET

G-H1 Ⓜ *Benimaclet (lignes 3, 4 et 6).*
Au nord-est des Jardines del Real, cet ancien village indépendant de Valence, aujourd'hui prisé des étudiants, conserve le charme et la quiétude de son passé rural. En partant de la station de métro, prenez la calle de Emilio Baró et tournez à droite rue del Músico Belando. De jolies maisons populaires, aux façades recouvertes d'azulejos, se succèdent le long de cette rue paisible. La calle de Masquefa, à droite, mène à la plaza de Benimaclet, dominée par une église du 16e s., où se tient un marché certains jours en semaine. Finissez votre parcours à l'angle des rues Mistral et de la Murta, devant la jolie façade de la **Casa de Trencadís**, qui abrite aujourd'hui un bar à la mode (El Colmado. Tapas y Latas, p. 72).

BOMBAS GENS CENTRE D'ART★

Hors plan *Av. de Burjassot, 54 - Ⓜ Turia (lignes 1 et 2) - 963 463 856 - www.bombasgens.com - merc.-dim. 11h-14h, 16h-20h - gratuit.*
Dans une ancienne usine de pompes hydrauliques de style Art déco, magnifiquement restaurée, la collection d'art de la fondation privée Per Amor a l'Art (« Pour l'amour de

l'art ») rassemble plus 1500 œuvres d'artistes contemporains nationaux et internationaux. Les fonds, exposés en alternance, sont surtout constitués de photographies et de peintures et sculptures abstraites. Par ailleurs, la fondation organise des expositions temporaires. Dans la même enceinte, il est possible de visiter une cave médiévale (découverte pendant la restauration de l'édifice), un refuge qui servait d'abri aux ouvriers de l'usine lors des bombardements de la Guerre civile, et un charmant jardin doté d'un restaurant étoilé (Ricard Camarena Restaurant).

MUSEO DE HISTORIA DE VALENCIA★

Hors plan *Valencia, 42, près du Parque de Cabecera - Ⓜ Nou d'Octubre (lignes 3, 5 et 9) - ✆ 963 701 105 - www.valencia.es/mhv - ♿ - mar.-sam. 10h-19h ; dim. et j. fériés 10h-14h - 2 € (7-12 ans 1 €), gratuit dim. et j. fériés.*
Aménagé dans les salles voûtées d'une **ancienne citerne** (1850), ce musée présente l'histoire de Valence de l'époque romaine à nos jours : photographies, peintures et gravures, films en plusieurs langues, etc.

BIOPARC★★

Hors plan *Av. Pío Baroja, 3 - Ⓜ Nou d'Octubre (lignes 3 et 5) - ✆ 902 250 340 - www.bioparcvalencia.es - juil.-août : 10h-21h ; avr.-juin : 10h-20h ; de sept. à mi-oct. : 10h-19h ; de mi-oct. à mars : 10h-18h - 23,80 € (4-12 ans 18 €).*
Ce superbe parc animalier s'étend sur 10 ha. Léopards, lions, girafes, éléphants, gorilles, hippopotames… y évoluent en quasi-liberté, dans de magnifiques espaces créés dans le respect de leur environnement naturel ; quatre écosystèmes africains (savane, terres lacustres, forêt équatoriale et Madagascar) ont ainsi été reconstitués. Contrairement à la plupart des parcs animaliers, celui-ci est très facile d'accès depuis le centre-ville.

PARQUE DE CABECERA

Hors plan Ce vaste espace naturel très agréable, est agrémenté de lacs et de jardins thématiques et abrite le Bioparc (*ci-contre*). Il termine les 7 km de verdure des jardins du Turia.

PALACIO DE CONGRESOS★

Hors plan *Av. de las Cortes Valencianas, 60 - Ⓜ Palau de Congresos (ligne 4) - ✆ 963 179 400 - www.palcongres-vlc.com.*
Les amateurs d'architecture contemporaine iront admirer ce palais des congrès, d'une élégance empreinte de légèreté, dessiné par **Norman Foster** en 1998. Par son toit incurvé en forme de losange prolongé d'un auvent évoquant une proue de navire, le bâtiment est utilisé pour des conférences internationales, des salons et des spectacles prestigieux. Non loin se trouve le nouveau stade de football **Nuevo Mestalla** (Nou Mestalla - *av. de las Cortes Valencianas)* en forme de pétales de fleur, qui devrait pouvoir accueillir plus de 60 000 personnes, une fois les travaux terminés.

Cité des Arts et des Sciences★★★

Ici, on change de galaxie ! Les six édifices qui constituent la Ciudad de las Artes y las Ciencias représentent l'un des plus grands projets culturels d'Europe, confié à l'Hispano-Mexicain Félix Candela et à Santiago Calatrava, l'enfant du pays. Les silhouettes étranges de ces bâtiments, évoquant pour certains des animaux chimériques, se reflètent dans l'eau bleutée de vastes bassins artificiels. On peut aimer, on peut détester, mais nul ne peut rester indifférent à ce symbole d'une ville en mouvement.

▶**Accès :** On peut gagner la Cité en bus depuis la calle del Conde de Trénor, derrière les Torres de Serranos (bus 95) ou depuis la plaza del Ayuntamiento (bus 35) : arrêt Avenida Autopista del Saler face au grand centre commercial. On peut aussi la rejoindre agréablement à pied, à partir des stations de métro Ⓜ Alameda, en parcourant les Jardines del Turia, ou Ⓜ Aragón (ligne 5). À vélo également, par ces mêmes jardins (*p. 38*).

Plan de quartier ci-contre. Hors plan détachable en dir. H8.

▶**Conseil :** Prolongez la visite par une promenade dans l'ancien lit du río Turia.

ℹ www.cac.es. 🅿 Umbracle : lun.-dim. 8h-23h30 - 2,30 €/h.

« Nos adresses » p. 66, 79, 83 et 87.

Visite

ℹ *Av. Autopista del Saler, 7 - ☎ 961 974 686 - www.cac.es - horaires variables selon les sites - entrées combinées : Hemisfèric, Museo de las Ciencias et Oceanogràfic 38,60 € (4-12 ans 29,10 €), billet valable 1, 2 ou 3 j. ; Hemisfèric et Museo de las Ciencias 12 € (4-12 ans 9,30 €) ; Hemisfèric et Oceanogràfic 32,80 €*

SE RESTAURER
- Alejandro del Toro 21
- A Tu Gusto 22
- Contrapunto Les Arts 26
- Dulce de Leche 23
- Grillo Grill Bar 15
- Habitual 33
- RIFF 9
- Submarino 46
- Taqueria Sol Azteca 5
- Vertical 48

PRENDRE UN VERRE
- Mercado de Colón 22
- Taberna El Sitio 18

SHOPPING
- Aqua 36
- Dideco 26
- El Corte Inglés 37
- El Mundo al Revés 22
- Mercado de Colón 23

SORTIR
- La Bulería 22
- Palau de la Música 11
- Palau de les Arts 12
- Umbracle Terraza 14

SE LOGER
- Eurostars Acteón 18
- Hotel Dimar 1
- SH Valencia Palace 17

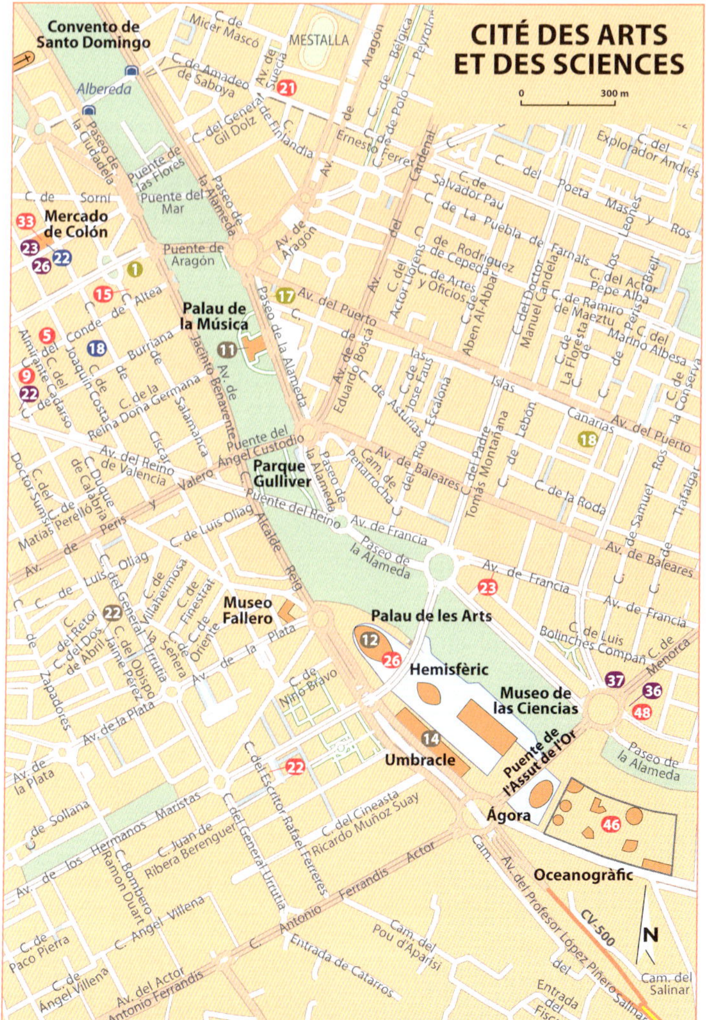
CITÉ DES ARTS
ET DES SCIENCES
0
300 m
N
Convento de
Santo Domingo
Albereda
MESTALLA
Mercado
de Colón
Palau de
la Música
Parque
Gulliver
Museo
Fallero
Palau de les Arts
Hemisfèric
Museo de
las Ciencias
Umbracle
Puente de
l'Assut de l'Or
Ágora
Oceanogràfic
Puente de
las Flores
Puente del
Mar
Puente de
Aragón
Puente del
Ángel Custodio
Puente del Reino
Paseo de
la Ciudadela
Paseo de
la Alameda
C. de
Micer Mascó
C. de Amadeo
de Saboya
Av. de
Suecia
C. del General
Gil Dolz
C. de Finlandia
Av. de Aragón
C. de Bélgica
C. de Polo y Peyrolón
Ernesto Ferrer
C. del
Explorador Andrés
C. del Poeta
Mas y Ros
C. de
Salvador Pau
C. de La Puebla de Farnals
C. de Rodríguez
de Cepeda
C. de Artes
y Oficios
C. del Cardenal
Av. del Puerto
C. del Actor Llorens
C. de Aben Al-Abbar
C. del Doctor
Manuel Candela
C. de los Leones
C. del Actor
Pepe Alba
C. de Ramiro
de Maeztu
C. del
Marino Albesa
C. de Peris y Brell
C. de Sorní
C. de Altea
C. del Conde de Burriana
C. de
Joaquín Costa
C. del Almirante Cadarso
C. de la
Reina Doña Germana
C. de Salamanca
C. de Císcar
C. de Jacinto Benavente
Av. de Eduardo Boscá
C. de Asturias
C. de José Faus
C. del Río Escalona
C. del Padre
Tomás Montañana
C. de Lebón
C. de La Floresta
Islas Canarias
C. de la Conserva
Av. del Reino
de Valencia
C. Duque
de Calabria
C. de
Matías Perelló
C. del
Doctor Sumsi
Av. de Peris y Valero
C. de Luis Oliag
Cam. de
Peñarrocha
Av. de Baleares
C. de la Roda
C. de Samuel Ros
C. de Trafalgar
Av. de Francia
Alcalde Reig
C. de Villahermosa
C. de Finestrat
C. de Oriente
C. de Señera
C. del General Urrutia
C. del Obispo
Jaime Pérez
C. Dos
de Abril
C. del Retor
C. de Zapadores
Av. de la Plata
C. de
Niño Bravo
C. de Luis
Bolinches Compañ
C. de
Menorca
Paseo de
la Alameda
Av. de Sollana
Av. de los Hermanos Maristas
C. Bombero
Ramon Duart
C. Juan de
Ribera Berenguer
C. del General Urrutia
C. del Escritor Rafael Ferreres
C. del Cineasta
Ricardo Muñoz Suay
C. Actor Antonio Ferrandis
Cam. del
Pou d'Aparisi
Entrada de Catarros
Av. del Profesor López Piñero
CV-500
Cam. del
Salinar
Entrada
del
Fiscal
C. de
Paco Pierra
C. Angel Villena
C. de
Angel Villena
Av. del Actor
Antonio Ferrandis
1
5
9
11
12
14
15
17
18
21
22
23
26
33
36
37
46
48

(4-12 ans 24,60 €) ; Museo de las Ciencias et Oceanogràfic 32,80 € (4-12 ans 24,60 €).

Histoire

Valence est devenue l'une des vitrines de l'architecture contemporaine mondiale avec la Ciudad de las Artes y las Ciencias. En quelques monuments emblématiques, aménagés dans l'ancien lit du río Turia sur près de 2 km, la ville donne au monde sa vision du troisième millénaire, redevenant par là même une des plus ambitieuses villes européennes, comme au temps de son Âge d'or (15e s., *p. 110*). Ce sont deux architectes qui ont donné ici libre cours à leur créativité. L'un est valencien, et mondialement connu : **Santiago Calatrava** (1951) a notamment réalisé le Museo de las Ciencias, dont la silhouette évoque un dinosaure, l'Umbracle, l'Hemisfèric, en forme d'œil, le Palau de les Arts, mais aussi l'Ágora et le Puente de l'Assut de l'Or. **Félix Candela** (1910-1997), Mexicain né en Espagne, a conçu quant à lui l'Oceanogràfic, un aquarium en forme de nénuphar. Il est également l'auteur du palais des Sports des J.O. de Mexico.

PALAU DE LES ARTS★

***H8** Paseo de la Alameda, 30 - 961 975 800 - ♿ - visites guidées (esp. et ang.) sur réservation.*

Cet édifice colossal et d'une forme étonnante atteint une hauteur de 75 m. Il est conçu comme un ensemble de volumes encastrés, protégés par une enveloppe en forme de coquillage, recouverte à l'origine de *trencadís* (*encadré ci-contre*) d'une blancheur immaculée. À la suite d'une tempête durant l'hiver 2013-2014, une partie de ce revêtement s'est effondrée et la totalité des *trencadís* a dû être retirée. Complètement restauré depuis, l'édifice éblouit aujourd'hui comme lors de son inauguration. Ce grand centre des arts scéniques abrite plusieurs salles et un auditorium où sont donnés des représentations théâtrales ou lyriques, des concerts, des opéras et des spectacles de danse.

UMBRACLE★

Face au musée des Sciences, cette structure architecturale de 320 m de long, érigée en contrebas de l'avenida Autopista del Saler, déploie ses arcs paraboliques blancs au-dessus d'un agréable jardin-palmeraie, à la manière d'une sculpture contemporaine en plein air. De cette promenade ombragée, on bénéficie d'une magnifique **vue** sur la Cité.

HEMISFÈRIC★

Av. Autopista del Saler, 1 - 961 974 686 - ♿ - tte la journée à partir de 10h - 8 € (4-12 ans 6,20 €).

Trencadís

Ce mot catalan, désignant un éclat de céramique, fut très utilisé par les architectes modernistes, notamment par Gaudí. Celui-ci appréciait également l'arc parabolique, comme sur l'Umbracle, qui assure une résistance au fléchissement. Tous ces éléments témoignent d'une certaine influence du modernisme sur Calatrava.

H. Hughes/hemis.fr/© Adagp, Paris, 2020

Museo de las Ciencias, réalisé par l'architecte Santiago Calatrava.

Ce bâtiment futuriste en forme d'œil, qui symbolise l'ouverture sur le monde, fut le premier à être livré (en 1998). Situé au centre d'un bassin de 24 000 m², il héberge un **planétarium**, un **cinéma** pour des projections Omnimax, ainsi qu'un **« laserium »** proposant un spectacle audiovisuel et bénéficiant d'un écran de 900 m².

MUSEO DE LAS CIENCIAS★

Entrée face à l'Hemisfèric - ✆ 961 974 686 - ♿ - 10h-19h (21h en été) - 8 € (4-12 ans 6,20 €).

Derrière un immense bassin triangulaire aux eaux turquoise – qui accueille de petites barques dans lesquelles il est possible de faire un tour ou à bord d'énormes bulles transparentes, les *Waterballs* – se dresse ce monumental édifice, qui abrite le plus grand musée interactif d'Europe. Ce centre permet d'expérimenter et d'aborder d'une manière ludique le monde des sciences en suscitant la curiosité et l'intérêt du visiteur. La vie, le génome humain, la recherche spatiale, l'astronomie, le sport, les techniques du laser, mais aussi l'eau, l'électricité font partie des sujets abordés.

PUENTE DE L'ASSUT DE L'OR

Donnant accès au périphérique sud de Valence, ce grand pont suspendu en forme de harpe blanche est d'une extrême élégance, bien que controversé pour des questions de vibrations. Avec un tablier de 180 m de long, cette œuvre de Calatrava atteint une hauteur de 120 m, ce qui en fait l'édifice le plus haut de la ville.

ÁGORA

Av. Autopista del Saler, 1.
Tout aussi futuriste que les autres bâtiments, l'Ágora, elle aussi posée sur un lac artificiel, évoque un immense coquillage (80 m de haut), revêtu de *trencadís* d'un bleu soutenu (*encadré p. 44*). Elle constitue la dernière réalisation de Santiago Calatrava dans la Cité. Inaugurée lors de l'Open de tennis de Valence (2009), elle est conçue comme une « place couverte », pouvant contenir jusqu'à 6 000 spectateurs et accueillir concerts et manifestations de masse. Courant 2022, l'Ágora devrait devenir un centre culturel CaixaForum (expositions, spectacles, conférences, etc.).

OCEANOGRÀFIC★★

Av. Autopista del Saler, 1 - 961 974 686 - www.oceanografic.org - - de 10h jusqu'à 18h, 20h ou 0h selon la saison - 31,10 € (4-12 ans 23,30 €).
Le plus grand parc océanographique d'Europe est constitué de plusieurs bâtiments et espaces souterrains reliés les uns aux autres par des jardins, passerelles et tunnels. La visite vous fera découvrir la faune marine des principales zones climatiques de la planète : les climats méditerranéen *(visite guidée 10mn)*, tropical et tempéré (habitat destiné aux crocodiles, tortues et phoques gris à l'extérieur et magnifique tunnel-aquarium au niveau inférieur) ; les zones arctique (bélugas et morses), antarctique (pingouins) et océanique (**tunnel-aquarium** où évoluent raies et requins) ; les zones humides, avec une grande volière sphérique habitée par des ibis rouges et des flamants roses. Une exposition de papillons permet d'observer de nombreuses espèces dans leurs phases de développement. L'espace dédié aux méduses est, quant à lui, totalement hypnotique ! Chaque jour, le **delphinarium**, équipé d'un écran géant, présente plusieurs spectacles *(15-20mn)*. L'Oceanogràfic possède également un **cinéma 4D** où sont projetés des films courts en rapport avec la nature *(entrée en sus)*.

MUSEO FALLERO

(Musée des Fallas)
Pl. Monteolivete, 4 - 963 525 478 - www.fallas.com - - lun.-sam. 10h-19h, dim. 10h-14h - 2 € (7-12 ans 1 €), gratuit dim. et j. fériés.
Proche de la Cité des Arts et des Sciences, ce musée permet de se familiariser avec les **Fallas**, les grandes fêtes valenciennes (*p. 115*). L'essentiel des collections est constitué par les **ninots**, mannequins en carton-pâte destinés à être brûlés la nuit du 19 mars. Chaque année, les figures les plus réussies sont en compétition, et l'une d'elles est choisie par un vote populaire pour échapper aux flammes. On retrouve dans le musée tous les *ninots indultats* (figures graciées) depuis 1934.

Quartier maritime★

Jusque très récemment, Valence semblait tourner le dos à la mer et à ses plages. L'America's Cup organisée en 2007, l'aménagement d'une ligne de métro et de tramway reliant le centre aux Poblats Maritims (villages maritimes) ont donné le signal d'une reconquête de leur littoral par les Valenciens. Le port industriel s'est reconverti en marina, les plages, superbes, ont été aménagées et nombre d'immeubles ont été remis en valeur. Bref, en quelques années, Valence est devenue une station balnéaire.

▶**Accès :** 4 km seulement séparent la marina et les plages du centre historique. Depuis le centre, prenez le métro jusqu'à la station Ⓜ Marina Reial Joan Carles I pour rejoindre la marina et la Playa de las Arenas ou jusqu'à la station Ⓜ Eugenia Viñes, pour vous rendre à la Playa de la Malvarrosa. Vous pouvez également prendre, sur la plaza del Ayuntamiento, le bus 32 qui dessert ces deux plages ou le bus touristique B.

Plan de quartier p. 50. Hors plan détachable.

▶**Conseil :** Comptez une demi-journée.

Paseo Neptuno, 2 - avr.-mi-oct. : lun.-vend. 10h-19h, w.-end et j. fériés.

« Nos adresses » p. 67, 72, 83 et 87.

MARINA DE VALENCIA

Ⓜ *Marina Reial Joan Carles I (ligne 5) ou le bus touristique B - www.lamarinadevalencia.com.*

En quelques années, l'ancien port de commerce s'est métamorphosé en moderne marina vouée à la navigation de loisirs, grâce, entre autres, à la construction d'une digue et au percement d'un nouveau chenal vers la mer. De son passé industriel subsistent une grue classée et la **Antigua Estación Marítima** (ancienne gare maritime), que l'on reconnaît aisément à sa tour de l'Horloge : l'**Edificio del Reloj**. Édifié en 1914 par l'ingénieur **Federico Gómez de Membrillera**, il fait appel à un style clairement néoclassique. Du même architecte, les **entrepôts** *(tinglados)* adoptent un style moderniste nettement plus marqué, notamment par l'emploi de plaques de céramique apportant une polychromie séduisante. Les éléments décoratifs, propres au style de la Sécession, rappellent la fonction de ces édifices (tritons et trophées mécaniques – roue dentée, compas). Situé à la fois sur la Marina et sur une partie de la Playa del Cabanyal-Las Arenas, le **Marina Beach Club** comprend un bar et restaurant (ouvert toute l'année),

L'America's Cup

L'America's Cup trouve ses origines dans un défi lancé en 1851 par les Britanniques aux Américains, autour de l'île de Wight. Cette année-là, elle est remportée par les Américains, qui vont conserver la Coupe jusqu'en 1983. Les régates se courent en duel, et les règles sont toujours imposées par le vainqueur de la Coupe précédente, le ***defender****. Remporté en 2003 par l'équipe suisse Alinghi, le trophée fut remis en jeu en 2007. La Suisse ne disposant pas de littoral, un concours fut lancé pour choisir le lieu d'accueil de la 32ᵉ America's Cup. Valence l'emporta, contre Barcelone ou Marseille, engageant en quelques années une profonde réorganisation de son quartier portuaire et de ses infrastructures d'accueil.*

une piscine surélevée, une terrasse offrant une vue privilégiée sur la Méditerranée et des transats sur la plage *(mars-oct.)*.

VELES E VENTS★

À l'extrémité septentrionale du port, au bord du Nuevo Canal, se dresse depuis 2006 le **pavillon de l'America's Cup**, érigé par le cabinet David Chipperfield Architects. Le bâtiment, appelé *Veles e Vents* (en hommage aux vers du poète valencien Ausiàs March), présente une silhouette légère, superposition de quatre grands plateaux assemblés en décalage. Il abrite un espace-belvédère au 1er étage, idéalement situé face à la mer, ainsi que trois espaces gastronomiques.

MUSEO DE LAS DRASSANES

(Atarazanas/Musée de l'Arsenal royal)

Pl. Juan Antonio Belliure - Ⓜ Grau, puis longer, face au port, la calle del Doctor Juan José Dòmine et prendre à droite l'av. del Puerto, puis immédiatement à droite à nouveau jusqu'à une petite place - ✆ 963 525 478 - ♿ - mar.-sam. 10h-14h, 15h-19h, dim. et j. fériés 10h-14h - 2 € (7-12 ans 1 €), gratuit dim. et j. fériés.

Construits au 14ᵉ s., alors que Valence connaissait un fort développement de son activité commerciale maritime (exportation de soie et de céramique notamment), ces bâtiments réhabilités sont aujourd'hui utilisés comme salles d'expositions temporaires. L'intérêt principal réside dans l'édifice même, qui se compose de cinq nefs parallèles en brique, couvertes de toitures à deux pentes soutenues par de grands arcs brisés.

MUSEO DEL ARROZ

(Musée du Riz)

Rosario, 1 et 3 (au coin de la calle F. Cubells) - Ⓜ Grau, puis par la calle Francisco - ✆ 963 676 291 - www.museodelarrozdevalencia.com - ♿ - mar.-sam. 10h-14h, 15h-19h, dim. et j. fériés 10h-14h - 2 € (7-12 ans 1 €), gratuit dim. et j. fériés.

Aménagé dans un moulin à riz en activité jusqu'en 1970 (El Molí de Serra), ce musée (dont le seul défaut est de ne pas proposer des

L. Vallecillos/age fotostock

Veles e Vents, pavillon de l'America's Cup, érigé par le cabinet David Chipperfield Architects.

explications en français) présente l'histoire du riz et de l'industrie rizicole valencienne, en insistant notamment sur les aspects économiques et sociaux. Un document audiovisuel introduit la visite, qui se poursuit par la découverte, sur trois niveaux (reliés par un ascenseur), de la machinerie, en état de fonctionnement, permettant de transformer le riz brut (ou « rouge ») en denrée comestible.

MUSEO DE LA SEMANA SANTA MARINERA

(Musée de la Semaine sainte du quartier des pêcheurs)

Même bâtiment que le Museo del Arroz - ✆ 963 525 478 - mar.-sam. 10h-14h, 15h-19h, dim. et j. fériés 10h-14h - 2 € (7-12 ans 1 €), gratuit dim. et j. fériés.

Ce musée présente des étendards, des costumes, des sculptures et les chars utilisés lors des processions du quartier maritime, les plus spectaculaires de la Semaine sainte à Valence.

LE BORD DE MER★

Plages p. 96.

Du port et de la plaza del Grau, en suivant la calle del Doctor Marcos Sopena (ou en tramway), on peut emprunter le **Paseo Neptuno★**, qui longe les plages **del Cabanyal - Las Arenas** (ou **de Levante**).

QUARTIER MARITIME
0
300 m
N
MAR MEDITERRÁNEO
Playa de la Malvarrosa
Playa del Cabanyal - Las Arenas
Paseo Marítimo
Paseo Neptuno
Casa-Museo Blasco Ibáñez
EL CABANYAL
Museo del Arroz-Museo de la Semana Santa Marinera
Museo de las Drassanes
Edificio del Reloj
Marina de Valencia
Veles e Vents
Marina Reial Joan Carlos I
Pl. del Conde de Pestagua
Tarongers
Serrería
La Cadena
La Marina
Eugenia Viñes
Les Arenes
Doctor Lluch
Marítim-Serrería
Francesc Cubells
Grau-Canyamelar
Cam. de Vera
C. Músico Agustín Alamán Rodrigo
C. de Vicente la Roda
Av. de los Naranjos
Senda de la Capelleta
Cam. del Cabañal
C. Serpis
Av. de Vicente Blasco Ibáñez
C. de Luis Peixó
C. de Manuela Estellés
C. del Conde de Alacuás
C. de Tramoyeres
C. de Escalante
C. de Remonta
C. del Doctor Lluch
C. de la Reina
Carrer del Progrés
C. de José Benlliure
C. de los Pescadores
C. de los Astilleros
C. de Eugenia Viñes
C. de Pavía
C. de Isabel de Villena
C. de Cavite
C. del Río Tajo
C. de S. Juan de Dios
C. de S. Rafael
C. de Justo Vilar
C. de Pedro de Valencia
C. del Pintor Ferrer Calatayud
C. dels Sants Just i Pastor
C. de María Cuber
C. del Dr Marcos Sopeña
Av. del Puerto
C. de Juan Verdeguer
Av. de Francia
C. de Menorca
C. de Ibiza
C. de Felipe Salvador
C. de Méndez Núñez
C. de Vidal de Blanes
C. del Alguer
C. Campoamor
C. del Poeta Mas y Ros
C. de Maestro Valls
37
38
21
6
23
28
17
15
25
24
12
16
60
30

50

Sur l'autre côté s'alignent quelques hôtels et surtout des restaurants, lieux de rendez-vous des Valenciens aux beaux jours, proposant pour la plupart fruits de mer et paellas réputées.
Plus au nord s'étend la longue et belle **Playa de la Malvarrosa**, bordée par le **Paseo Marítimo**, promenade très prisée des Valenciens cherchant la fraîcheur en fin de journée. Une succession de restaurants, bars et glaciers attire une clientèle familiale à l'heure de la sacro-sainte *horchata de chufa,* accompagnée de *fartons* *(encadré p. 122)* dont les enfants sont friands. Le long de la calle Isabel de Villena, un peu en retrait, subsistent des **villas** datant pour certaines des premières décennies du 20e s.

CASA-MUSEO BLASCO IBÁÑEZ

Isabel de Villena, 156 - 963 525 478 - ♿ - mar.-sam. 10h-14h, 15h-19h, dim. et j. fériés 10h-14h - 2 € (7-12 ans, 1 €), gratuit dim. et j. fériés.
Au bout de la plage de la Malvarrosa, la maison de l'écrivain, journaliste et homme politique **Vicente Blasco Ibáñez** (1867-1928, *p. 118)* renferme des souvenirs (photos, mobilier, coupures de presse), des objets personnels et des éditions des romans du grand maître valencien. Auteur d'œuvres *(La Barraca, Entre Naranjos)* qui décrivent la vie quotidienne dans la *huerta* de Valence, ce personnage haut en couleur, devenu une véritable idole dans sa ville natale, connut surtout le succès international avec *Les Quatre Cavaliers de l'Apocalypse* et son roman d'ambiance tauromachique *Sangre y Arena (Arènes sanglantes),* plusieurs fois porté à l'écran. Sa maison est un intéressant exemple d'architecture bourgeoise balnéaire du début du 20e s., dotée d'une étonnante loggia néogrecque à cariatides sur laquelle trône une grande table de marbre.

BARRIO DEL CABANYAL

En retrait du front de mer, prenez le temps de parcourir ce quartier en damier, plein d'authenticité.
El Cabanyal est un ancien village de pêcheurs réputé pour ses maisons modernistes, aux façades colorées recouvertes de carrés de céramique. Autrefois indépendant, il a pris son apparence actuelle, avec ses habitations en briques, à la fin du 19e s. La **carrer del Doctor Lluch**, la **carrer del Progrés** et la **carrer de la Reina** comptent parmi les plus typiques du quartier.

SE RESTAURER
Bodega Casa Montaña 24
Bodega La Peseta 12
Casa Carmela 37
La Marítima de Veles e Vents 60
La Pepica 25
La Rosa 28
La Sucursal 16
Mercabanyal 38

PRENDRE UN VERRE
La Fábrica de Hielo 6
Las Arenas 23
Panorama 30

SORTIR
Destino 56 17
El Toro y la Luna 21
High Cube 16
Marina Beach Club 25
Vivir sin Dormir 15

SE LOGER
Hotel Neptuno 17

Parc naturel de l'Albufera★

Aux portes de Valence, la lagune de l'Albufera, dont le nom d'origine arabe signifie « la petite mer », est aujourd'hui protégée dans le cadre d'un parc naturel. Séparée de la mer par un étroit cordon littoral dunaire, la Dehesa del Saler, elle est exploitée depuis le 13e s. en rizières et zones de pêche. Ces paysages de roseaux, où l'eau est omniprésente, constituent un véritable havre de paix à quelques minutes de l'animation urbaine. Dépaysement assuré !

▶**Accès :** Le Parc naturel de l'Albufera s'étend à environ 10 km au sud de Valence par la CV 500, puis direction El Palmar (env. 20mn de trajet). Prenez l'Albufera Bus Touristique (*ci-dessous*) ou la ligne 25 depuis la Puerta de la Mar. Il est aussi possible de joindre El Palmar à vélo (pistes cyclables la plupart du trajet).

Plan p. 55. Hors plan détachable.

▶**Conseils :** Découvrez le parc à bord d'une barque traditionnelle *(albuferenc)* et passez-y une journée ou assistez au coucher du soleil : inoubliable ! Préférez une visite en semaine, le parc étant moins fréquenté que le week-end.

http://albuferaparc.com

« Nos adresses » p. 68.

Le parc de l'Albufera est un vaste espace lagunaire de 21000 hectares, à l'origine un golfe qu'un cordon de sable est venu peu à peu séparer de la mer, le transformant en lac. Depuis l'époque arabe, les habitants des lieux y cultivent des rizières, activité qu'ils alternent avec la pêche. Plus de 250 espèces d'oiseaux y vivent : cigognes, hérons cendrés, canards royaux, etc.

ALBUFERA BUS TURISTIC

Pl. de la Reina, 8 - www.valenciabusturistic.com - 2h - départs en journée mai-sept. : lun.-sam. 10h49, 13h24, 16h46 (+ 17h46 juil.-août), 19h04 (sf juil.-août) ; mars-avr. et oct.-déc. : 10h49, 13h24, 16h49 - 19 € (7-16 ans 12 €) - départs pour le coucher du soleil : juil.-août 20h04. Voyage en bus de 2h comprenant une promenade en *albuferenc (40mn).* Possibilité d'assister au coucher du soleil ou de déguster une paella ou un *all i pebre* d'anguilles dans l'un des restaurants d'El Palmar *(34 €, enf. 7-16 ans 25 €).*

EL SALER

Connue pour son golf sur lequel se disputent de prestigieuses compétitions internationales, la localité d'**El Saler** (« la saline »)

Bateau sur l'Albufera.

> ***Barraca***
> *La « barraca » est une maison typique de la « huerta » valencienne qui servait d'abri aux paysans. De plan rectangulaire (celles d'El Palmar ont l'arrière arrondi, dit « en cul de mona », afin de donner moins de prise au vent), elle se caractérise par un toit à deux pentes, très raides, pour évacuer les pluies parfois torrentielles. La porte orientée au sud donne sur un couloir qui court sur toute la longueur de la construction et sert à la fois de cuisine, de salle à manger et de grenier. On accède par une échelle à l'étage, autrefois utilisé pour l'élevage des vers à soie.*

possède une **plage** de sable de près de 5 km située dans une zone de pinèdes. Le village reliait antérieurement El Palmar et le quartier de Russafa.
Sur la route menant à **El Palmar**, on découvre l'habitat traditionnel de l'Albufera, composé de petites maisons aux murs de terre blanchis à la chaux et aux toits couverts de roseaux, les **barracas** (*encadré ci-dessus*). C'est là que vivaient les pêcheurs provenant notamment de Valence et de Russafa, qui finirent par s'installer sur les lieux de manière permanente dans la seconde moitié du 18e s.

EL PALMAR

Bordant la lagune et des canaux, le village d'El Palmar, qui fut jadis une île, conserve quelques maisons traditionnelles, que vous pourrez visiter. Il dispose aussi d'un embarcadère permettant d'effectuer une promenade en barque traditionnelle **(albuferenc)** sur le lac et les canaux dans un paysage qui rappelle celui de la Camargue.
Dans ses petits restaurants, on déguste, outre des paellas, des anguilles qui constituent le point fort de la gastronomie locale, accommodées à l'*all i pebre* ou à la *espardenyà*. El Palmar est en outre connu pour ses fêtes, notamment la **Fiesta del Cristo de la Salud**, célébrée début août, et culminant le 4 août par un pèlerinage en barque sur le lac.

LAC DE L'ALBUFERA

Cette vaste étendue d'eau, d'une profondeur moyenne de 1 m, communique avec la mer par trois canaux, appelés *golas*. Le lac est bordé par le **marjal** (marais de 14 000 ha), terre autrefois immergée et désormais envahie par les rizières.

CENTRE D'INTERPRÉTATION DU PARC

Ctra del Palmar - ✆ 961 627 345 - 9h-14h - fermé du 1er au 6 janv., 19 mars, 24-25 et 31 déc. - P.
Ce centre occupe l'emplacement d'un ancien hippodrome. Des sentiers aménagés permettent de se promener au bord des espaces humides, et une tour d'observation offre une jolie vue sur le paysage lagunaire. Dans les anciennes écuries, un **musée** présente les caractéristiques de ce milieu naturel protégé : faune (des dizaines d'espèces d'oiseaux, migrateurs ou non), flore, agriculture et géologie.

CULLERA

En poursuivant vers le sud, on arrive à la **station balnéaire** de Cullera, flanquée de tours, de barres d'immeubles et d'hôtels. Située à l'embouchure du **Júcar** et au pied du Monte de Oro, elle est réputée pour ses 10 km de belles plages. La baie est délimitée au nord par le **phare** de Cullera. La ville est dominée par les ruines d'un **château** du 13e s., construit à l'instigation de Jaume Ier le Conquérant (après que le roi d'Aragon eut repris la ville aux Arabes en 1240), d'où l'on bénéficie d'une très jolie vue. Vous pourrez aussi vous perdre dans les ruelles labyrinthiques du **Barrio del Pozo**, ancienne *Judería* (quartier juif) de la ville.

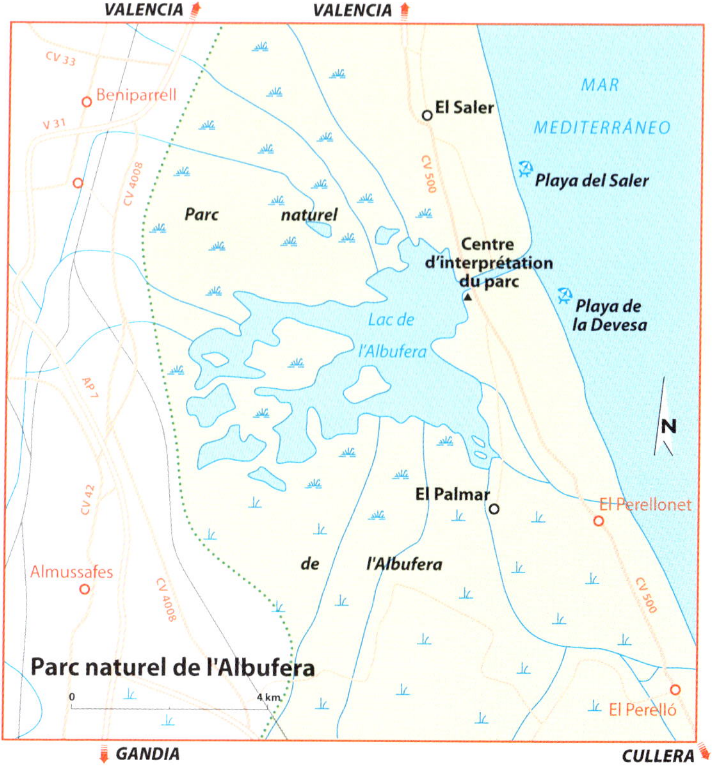

Parc naturel de l'Albufera

petitbistró
petitbistró

Nos adresses

Terrasses de café sur la plaza de la Virgen.
RossHelen/iStock

Se restaurer

De nombreux restaurants se concentrent dans la calle de Caballeros et dans les rues avoisinantes d'El Carmen. On trouve aussi d'agréables terrasses sur la plaza de la Virgen ou plaza de la Reina. Le quartier de Russafa, quant à lui, regorge de restaurants bio. Dans le quartier maritime, le long du Paseo Neptuno, les amateurs de paella seront servis !

Repérez les adresses sur nos plans grâce aux pastilles numérotées (ex. 1). Les coordonnées en rouge (ex. C2) font référence au plan détachable (à l'intérieur de la couverture).

AUTOUR DE LA CATHÉDRALE

Plan de quartier p. 18-19

Moins de 15 €

11 **Boatella Tapas** – ***D4*** - *Pl. Mercado 34 - ✆ 963 15 40 71 - 8h-1h - fermé mar. - 6/15 €.* Installé face à l'entrée principale du marché central, ce bar à tapas ne désemplit pas. Calamars, gambas, *croquetas*, fritures de poissons, coquillages, petits artichauts frais en saison (divin !)... Le tout accompagné d'une bière fraîche ou d'une sangria et le tour est joué. Une cuisine sans fioritures et une ambiance vraiment authentique. La terrasse est prise d'assaut par les Valenciens !

14 **Taberna La Sénia** – ***D3*** - *Cenia, 2 - ✆ 611 49 76 77 - www.tabernalasenia.es - 12h30-16h, 19h30-0h - fermé mar.-merc. midi - menus 11/15 €.* La taverne bénéficie d'une sympathique terrasse et d'une salle rustique ; on y savoure des tapas et *raciones* d'inspiration méditerranéenne, préparées à la commande. Excellent rapport qualité-prix.

1 **Bar Almudín** – ***E3*** - *Almudín, 14 - tlj sf mar. 13h30-16h, 19h-23h - 8/16 €.* La décoration et l'ambiance à l'ancienne (étagères remplies de bouteilles derrière le comptoir, vieilles affiches) attirent une clientèle venue goûter une cuisine simple mais savoureuse. Autre option : rester au comptoir et siroter l'excellent vermouth de la *casa*, accompagné d'un plat de *patatas bravas*.

De 15 à 30 €

2 **Bisbe Gastro Taberna** – ***E3*** - *Pl. del Arzobispo, 6 - ✆ 963 92 25 27 - www.bisbe.es - lun.-sam. 12h-1h, dim. 13h30-16h - 15/20 €.* Pour un déjeuner léger à base de spécialités locales sur une place tranquille, face à la crypte de saint Vincent. Ce gastrobar propose des *puntitas*, « pointes » de sandwichs farcies, toutes aussi succulentes les unes que les autres.

❤ 47 **Ostras Pedrín** – ***E4*** - *Bonaire, 23 - ✆ 963 76 70 54 - www.ostraspedrin.es - lun.-sam. 11h-0h, dim. 11h-16h - huîtres 2/5 €, conserves 5/13 €.* Un petit bar à l'esprit bien branché (et décontracté), où déguster une sélection d'huîtres, salaisons et conserves gourmet, arrosées d'un bon vin du terroir.

Un concept qui fait fureur chez les Valenciens. Réservez.

3 Tasca Ángel – ***D3*** - *Purísima, 1 - 963 91 78 35 - lun.-sam. 10h30-15h, 19h30-23h30 - 10/25 €.* Fondée en 1946, cette *tasca* (taverne) est devenue un lieu légendaire où les amateurs de sardines à la plancha, simplement assaisonnées d'ail et de persil, se pressent au comptoir. Le lieu propose bien sûr d'autres tapas. Excellent choix de vins.

4 La Utielana – ***E4*** - *Pl. Picadero de Dos Aguas, 3 - 963 52 94 14 - 13h30-16h, 20h30-22h30, sam. 13h30-16h - fermé août - à partir de 14 €.* Depuis plus de 60 ans, les Valenciens fréquentent ce restaurant traditionnel au décor d'azulejos. Le secret de son succès ? Les recettes de grand-mère concoctées avec amour par la patronne : *cordero al horno* (agneau au four), *fideuá*, *cocido* (sorte de pot-au-feu) ou *arroz a banda*... Un excellent rapport qualité-prix, à deux pas du palais de Dos Aguas.

35 La Salvaora – ***D3*** - *Calatrava, 19 - 963 92 14 84 - www.lasalvaora.com - 13h30-15h30, 20h30-1h30 sf mardi ; hiver : fermé mar. soir et merc. soir ; été : fermé à midi - 15/25 €.* Une belle cuisine espagnole traditionnelle. Aux murs, les photos noir et blanc vous transportent dans le temps.

❤ **36 Central Bar by Ricard Camarena** – ***D4*** - *Mercado Central - près de la porte n° 3 - 963 82 92 23 - www.centralbar.es - 8h30-15h30*

bortnikau/iStock

Terrasse du restaurant Boatella Tapas.

RossHelen/iStock

Terrasse du restaurant Sagardi.

sf dim. - 20/25 €. L'unique bar du marché est rempli chaque jour. Un flot continu d'habitués se presse au comptoir. Produits frais du marché, évidemment !

10 **Sagardi** – ***E4*** - *San Vicente Mártir, 6 - ✆ 963 91 06 68 - www.gruposagardi.com - 10h-1h - pintxo 2,10 €, carte 20/40 €.* Un établissement de spécialités basques qui attire les gourmets de toute la ville. Pintxos tous plus appétissants les uns que les autres (plus de 50 variétés) au rez-de-chaussée, et table de qualité à l'étage où l'on vous accueille avec un verre de cidre tiré du tonneau avec le cérémonial d'usage. Goûtez notamment aux poivrons de *piquillo* à la mode de Tolosa ou à la spécialité de la maison : *carne de chuletón de vaca vieja* (viande de bœuf maturée). Un régal !

❤ 40 **Birlibirloque Bar** – ***E4*** - *Paz, 7 - ✆ 960 64 44 59 - www.birlibirloquebar.es - fermé dim. et lun. soir - menu du jour 22 €.* Guillaume Glories, sommelier de formation, a installé son restaurant Entrevins dans un immeuble moderniste du centre-ville. Au rez-de-chaussée, le Birlibirloque est une version gastrobar du restaurant, proposant d'excellents menus du jour fraîchement préparés. Quatre espaces, des tapas créatives, une ambiance cosmopolite.

13 **Taberna Jamón Jamón** – ***D3*** - *Bolsería, 36 - ✆ 656 66 64 43 - www.jamonjamonrestaurante.com - 20h-1h - menu dégustation 20 €.* Au programme : tapas et *pintxos* que l'on peut déguster à table. Certains sont assez originaux. Service agréable et bon rapport qualité-prix.

56 **Delicat** – ***E3*** - *Conde Almodóvar, 4 - ✆ 963 92 33 57 - www.restaurantedelicat.com - fermé lun. et dim. soir - 15/25 €.* À deux pas de la Plaza de la Virgen, face au Café de las Horas, Delicat propose, dans un décor sobre, une cuisine inventive et fraîche, mâtinée d'influences asiatiques. Le dessert choco-coco mérite qu'on lui réserve un peu de place.

Plus de 30 €

7 **La Riuà** – ***E4*** - *Mar, 27 - ✆ 963 91 45 71 - www.lariua.com - 14h-16h15, 21h-23h - fermé lun. et dim. soir - réserv. conseillée - menus 27/40 €.* Il s'agit d'une véritable institution

locale, aujourd'hui trentenaire. La salle, à plusieurs niveaux, est décorée d'azulejos. On y déguste une savoureuse cuisine de marché, à moins que l'on choisisse parmi la vingtaine de riz proposés par la maison. En saison, goûtez à l'*all i pebre* d'anguilles !

8 **El Ocho y Medio** – **D4** - *Pl. Lope de Vega, 5 - ✆ 963 92 20 22 - www.elochoymedio.com - 10h-1h - carte 29/49 €.* Donnant sur une agréable place entre le marché central et l'église de Santa Catalina, cet élégant restaurant offre un décor raffiné : murs en pierres apparentes et mobilier moderne. Le service est impeccable et la cuisine, élaborée, revisite les classiques valenciens avec délicatesse.

BARRIO DEL CARMEN

***Plan de quartier* p. 18-19**

Moins de 15 €

55 **Taberna El Olivo** – **D2** - *Pl. del Árbol, 4 - ✆ 963 45 09 75 - www.tabernaelolivo.wixsite.com/valencia - lun.-jeu. 17h-1h30, vend.-dim. 12h-1h30 - 7 €.* Ce petit bar à tapas est fréquenté par les voisins du quartier, qui viennent savourer sa cuisine traditionnelle attablés autour d'un olivier. Une des terrasses les plus agréables d'El Carmen.

29 **La Lluna** – **D2** - *San Ramón, 23 - ✆ 963 92 21 46 - www.restaurantelalluna.com - lun.-sam. 9h-17h, 20h-23h30 - menus 8,50/19,90 €, carte 10/15 €.* Ce restaurant rustique situé près de l'IVAM sert une cuisine végétarienne dont la spécialité est le riz ratatouille. Grâce à ses prix ajustés, une clientèle jeune remplit le restaurant chaque week-end.

30 **La Pitusa** – **D2** - *Padre Huérfanos, 4 - ✆ 963 91 12 19 - www.lapitusarestaurante.es - 11h30-0h30 - menus 8,95/16 €.* Voici une adresse où l'on se sent comme chez soi. Le menu du jour, à base de produits du marché, est d'un bon rapport qualité-prix.

50 **La Comisaría** – **D2** - *Pl. del Árbol, 5 - ✆ 657 55 42 12 - mar.-vend. 20h-23h30, w.-end 13h30-15h30, 20h-23h30 - fermé lun. - carte 12/18 €.* Vous apprécierez ici une cuisine fusion qui mêle avec délicatesse saveurs asiatiques et méditerranéennes. Bar à cocktails.

De 15 à 30 €

39 **La Cigrona** – **E2** - *Serranos, 22 - ✆ 963 15 37 52 - www.lacigrona.com - mar.-sam. 13h30-16h, 20h30-23h, dim. 13h30-16h - menus 12/15 €, carte 12/20 €.* Dans l'une des rues les plus animées du quartier, ce restaurant propose une cuisine du marché à base de produits issus de la *huerta* et de la mer. Les recettes traditionnelles (riz, viandes, poissons, fruits de mer) s'étoffent de touches inventives qui rehaussent les saveurs des plats. Une réussite.

49 **Refugio Restaurante** – **D2** - *Alta, 42 - ✆ 690 61 70 18 - www.refugiorestaurante.com - 14h-16h, 21h-23h30 - menu 15 € (18 € w.-end), carte 18/25 €.* Ce « refuge » (en référence à l'abri de la Guerre civile juste en face) propose, dans un petit espace propice à la conversation, une cuisine méditerranéenne créative.

Un certain esprit alternatif flotte dans cet établissement décoré d'affiches révolutionnaires...

34 María Mandiles – ***D2*** - *Padre Huérfanos, 2 - ☏ 963 15 48 84 - www.mariamandiles.es - 9h-minuit - formule déj. 9,95 € - menus 17,50/21,50/25 €.* On retrouve ici un petit air des Triplettes de Belleville qui a inspiré le dessinateur et gérant du restaurant : tabliers des serveuses, menu en patchwork... Cuisine à base de produits du marché et desserts maison (brownie, tarte aux trois chocolats ou tiramisu).

51 La Carme – ***D2*** - *Pl. Mossén Sorell, 7 - ☏ 963 92 25 32 - mar.-vend. 21h-23h, sam. 14h-16h, 21h-23h, dim. 14h-16h - fermé lun. - menus déj. 12/19,50 €.* Cet établissement concocte depuis 1983 des plats méditerranéens et français.

53 Blanqueries – ***D2*** - *Blanqueries, 12 - ☏ 963 91 22 39 - www.restauranteblanqueries.com - fermé lun. - menus 20/32 €.* Restaurant à l'atmosphère cosmopolite, situé à côté des tours de Serranos. Intérieur dominé par les tons blancs et cuisine du marché teintée de notes créatives.

AUTOUR DE L'HÔTEL DE VILLE

Moins de 20 €

27 El Encuentro – ***D4*** - *San Vicente Mártir, 28 - ☏ 963 94 36 12 - www.restauranteelencuentro.es - lun.-sam. 13h30-17h, 20h30-0h30 - 8/18 €.* La cuisine espagnole traditionnelle est à l'honneur dans ce restaurant accueillant. Les recettes classiques *(croquetas, albóndigas, bacalao con tomate)* sont préparées avec soin et servies avec le sourire. Excellente sélection de vins espagnols.

32 Federal – ***E4*** - *Embajador Vich, 15 - ☏ 960 61 75 96 - www.federalcafe.es - 9h-23h30 (vend.-sam. 1h, dim. 17h30) - cuisine jusqu'à 22h30 (w.-end 0h) - autour de 15 €.* Dans ce grand espace lumineux et accueillant, la clientèle, plutôt branchée, déguste des *tostadas* garnies d'avocat et des œufs bénédicte, accompagnés de jus de fruits. Un lieu à la mode.

De 20 à 30 €

17 Vuelve Carolina – ***E5*** - *Correos, 8 - ☏ 963 21 86 86 - www.vuelvecarolina.com - lun.-sam. 13h30-16h30, 20h30-23h30 - menus 17,90/28/36 €.* Tapas créatives de qualité servies au bar (tapissé de bois) ou dans l'élégante salle à manger. Une belle adresse !

18 Palacio de la Bellota – ***E5*** - *Mossén Femades, 7 - ☏ 963 51 49 94 - www.palaciodelabellota.com - lun.-sam. 12h-0h30, dim. 12h-17h - menus 20/25 €.* Entre la plaza del Ayuntamiento et la calle Colón, dans un quartier animé, le ton est donné par les jambons suspendus au plafond de la première salle. On peut goûter ici au fameux *jamón de Bellota*, le fin du fin, mais la maison propose également des paellas géantes. Cuisine traditionnelle et clientèle internationale.

19 Orio – ***D4*** - *San Vicente Mártir, 23 - ☏ 963 51 19 92 - https://gruposagardi.com/restaurante/orio - 12h-23h (vend.-sam. 0h) - carte*

Vuelve Carolina.

autour de 20 €. On fréquentera d'abord ce lieu pour la partie taverne, où de délicieux *pintxos* (que l'on peut accompagner d'un verre de cidre) témoignent de la richesse de la gastronomie basque. Le restaurant (deux salles) propose quant à lui des plats typiques, essentiellement axés sur les produits de la mer.

45 **Manāw - Nikkei Bar** – ***D4*** - *Adreçadors, 10 - ✆ 960 69 16 32 - www.manaw.es - mar.-sam. 20h-23h30, sam. et dim. 13h30-15h30 - carte 20/30 €.* Une adresse sobre et élégante où l'on goûtera à une cuisine pleine de finesse combinant saveurs nippones et péruviennes, mais aussi venues de Thaïlande et de Malaisie : *ceviche, nigiri, sashimi, tiradito* et autres currys. Un régal.

Plus de 30 €

20 **Marisquería Civera** – ***E5*** - *Mossén Femades, 10 - ✆ 963 52 97 64 - www.marisqueriascivera.com - 10h-16h30, 20h-23h30 - carte 25/55 €.* Le grand spécialiste valencien des poissons et crustacés ; on peut même y déguster à certaines saisons des huîtres locales. Belle salle dotée de grands aquariums où les langoustes attendent d'être choisies.

31 **Karak** – ***D4*** - *Músico Peydró, 9 - ✆ 963 15 45 88 - www.restaurantekarak.com - mar.-sam. 14h-15h30, 21h-23h - menus dégustation 55/65 €, carte 20/30 €.* Karak propose une cuisine très fine à des prix raisonnables dans un cadre moderne : une belle halte non loin du Mercado Central.

EL ENSANCHE

La calle del Conde de Altea est bordée de nombreux restaurants.

Moins de 15 €

5 **Taqueria Sol Azteca** – ***F6*** - *Calle del Conde de Altea, 21 ✆ 961 95 32 70 - www.restaurantesolazteca.com - mar.-jeu. 12h30-16h30, 20h-0h, vend.-sam. 12h30-0h, dim. 12h30-17h - menu du jour 10,95 €.* C'est à Gabriela, mexicaine et cuisinière hors-pair, que Valence doit cette *taqueria* : *quesadillas, tacos, nachos, enchiladas* et *tamales* comme si on y était ! Cadre très agréable et accueil souriant.

De 15 à 30 €

❤ 15 **Grillo Grill Bar** – ***G5*** - *Calle de Salamanca 7 - ✆ 627 77 55 91 - www.facebook.com/grillogrillbar - tlj 20h-0h, sam. et dim. 13h30-16h - menu 16 € (2 p. min.), carte 20/30 €.* Si sa modeste entrée, flanquée d'une paire de tables en terrasse, ne paie pas de mine, les pièces de viande et les légumes du marché que l'on y prépare donnent le change : tout est cuit au charbon de bois et présenté avec soin. Accueil amical et saveurs franches. Le secret carnivore le mieux gardé de la ville !

Plus de 30 €

33 **Habitual** – ***F5*** - *Calle de Jorge Juan, 19 - ✆ 963 44 56 31 - www.habitual.es - 13h30-16h, 20h-23h - menus 24/32 €, carte 15/21 €.* Dans le Mercado de Colón, toutes les saveurs de la Méditerranée se donnent rendez-vous dans des recettes entre tradition et créativité. Le poisson de la région et, surtout, les légumes de la

huerta valenciana sont les ingrédients phare de cette adresse tenue par le célèbre chef local Ricard Camarena. À l'entrée, l'étal du Coca Loca propose de délicieuses tartines à emporter.

9 **RiFF** – ***F6*** - *Conde de Altea 18 - ✆ 933 33 53 53 - www.restaurante-riff.com - mar.-sam. 13h30-15h, 20h-21h30 - réserv. conseillée - menu déj. 45 €, menus 89/135 €.* Fraîchement étoilé, le restaurant de Bernd H. Knöller est la promesse d'un voyage culinaire mémorable. Une façon de découvrir la cuisine traditionnelle valencienne passée à la moulinette d'un chef qui, chaque matin, fait étape au Mercado Central.

BARRIO DE RUSSAFA

Moins de 15 €

54 **Slaughterhouse Food & Books** – ***E7*** - *Denia, 22 - ✆ 960 22 38 20 - www.facebook.com/slaughterhousefoodbooks - 19h-0h - autour de 10 €.* Une ancienne boucherie reconvertie en restaurant-librairie arty aux murs tapissés de livres et à l'ambiance vraiment décontractée. Dans l'assiette, burgers maison, sandwichs et salades évoquent par leurs noms l'univers de la littérature. Accueil très sympathique.

6 **Bluebell Coffee Roasters** – ***E7*** - *Buenos Aires, 3 - ✆ 963 22 54 13 - www.bluebellcoffeeco.com - 9h-19h (w.-end 20h), cuisine jusqu'à 15h30 - 6/11 €.* Cette adresse dans l'air du temps est réputée pour son excellent café de spécialité. Installé dans la cour ensoleillée et plantée d'hibiscus, on se laisse tenter par le brunch (servi tous les jours de la semaine) ou, à l'heure du déjeuner, par la cuisine saine (pancakes de kale et saumon fumé, veggie burger).

❤ 52 **La Cooperativa del Mar** – ***E8*** - *Carrer del Literat Azorín, 18 - ✆ 963 22 44 42 - www.lacooperativadelmar.com - tlj 19h-23h, sam.et dim. 12h-16h - plat du jour 4,20 €, carte 8/15 €.* Un décor d'un autre temps revu à la sauce moderne, des conserves de poissons et fruits de mer alignées derrière le joli bar (toutes remplies et fermées à la main), une atmosphère marine et populaire en plein cœur de Russafa et des petits prix... On choisit ici sa conserve, servie avec du bon pain et une bière bien fraîche coupée à l'eau de mer. À emporter également.

41 **Copenhagen** – ***E7*** - *Literato Azorín, 8 - ✆ 963 28 99 28 - www.restaurantecopenhagen.es - tlj 13h30-16h, 20h30-23h30 - menu déj. 11,90 €.* Installez-vous au bar ou en salle pour goûter une cuisine végétarienne et créative dans un décor épuré, comme il se doit. Deux autres établissements dans la ville : Malmö (Sueca, 46) et Oslo (Catalans, 8).

44 **Mangiamo !** – ***E7*** - *Cádiz, 21 - ✆ 963 41 32 63 - www.mangiamo.es - 12h30-16h, 19h-23h30 - pizzas 7/12 €.* Un restaurant italien, vous vous en doutez, qui prépare de délicieuses pizzas maison.

De 15 à 30 €

42 **Maco Healthy Bar** – ***E7*** - *Cádiz, 47 - ✆ 652 72 94 37 - merc.-sam. 20h30-23h30, vend.-sam. 13h-16h - 16/24 €.* Dans ce restaurant, cuisine rime avec

santé et convivialité. Les saveurs venues d'Asie ou d'Amérique du Sud se mélangent dans une carte qui détaille, pour chaque plat, les allergènes et l'apport calorique. En cas de doute, le chef se met gentiment à votre disposition pour vous éclairer. Sain, savoureux et didactique.

43 **Canalla Bistro** – **F7** - *Maestro José Serrano, 5 - 963 74 05 09 - www.canallabistro.com - tlj 20h-23h, vend.-dim. 13h30-16h - menus 24 (déj.)/32 €.* C'est l'un des six restaurants de Ricard Camarena, célèbre chef valencien. On y vient pour la décoration originale ainsi que pour l'ambiance et la carte bistro.

AUTOUR DES JARDINS DU TURIA

Plan de quartier p. 43

Plus de 20 €

21 **Alejandro del Toro** – **H4** - *Amadeo de Saboya, 15 - 963 93 40 46 - www.restaurantealejandrodeltoro.com - fermé dim. soir et lun. - menus 26,50/93 €, carte 50/68 €.* Entre l'ancien cours du río et le stade de Mestalla, une grande table valencienne réputée et appréciée pour sa cuisine créative et son sobre décor.

CITÉ DES ARTS ET DES SCIENCES

Plan de quartier p. 43

Vous aurez le choix entre le Terraza Bar dominant l'Umbracle, les cafétérias de l'Hemisfèric et du musée des Sciences, sans oublier les deux restaurants de l'Oceanogràfic.

Moins de 15 €

❤ 23 **Dulce de Leche** – *Av. de França, 8 - 961 953 313 - www.pasteleriadulcedeleche.com - 8h-21h - 10 €.* Fréquenté autant par les locaux que par les touristes, Dulce de Leche est devenu incontournable en ville (deux autres adresses) grâce à son énorme choix de gâteaux, tartes salées et smoothies. Terrasse très prisée le week-end.

De 15 à 30 €

22 **A Tu Gusto** – *Marqués de Lozoya, 4 bajo - 963 22 70 26 - www.atugusto.com - tlj 9h-15h30 - menus 18/23 €.* Un local tout en simplicité où l'on sert de copieux menus d'une cuisine typiquement valencienne : tapas variées, *arroces* et *fideuà*. Ici, les plats sont placés au centre de la table. *A compartir !*

26 **Contrapunto Les Arts** – **H8** - *Av. del Professor López Piñero, 1 - 960 04 69 91 - www.restaurantecontrapuntolesarts.com - 12h-0h (vend.-sam. 2h, dim. 17h) - menu dej. (en semaine) 18,90 €, carte 20/30 €.* Installé au cœur même de la structure du Palais des Arts, le Contrapunto est une escale de choix lors d'une visite du quartier design, et ce, à toute heure. Lignes contemporaines et plats variés finement présentés.

Plus de 30 €

46 **Submarino** – *Parque Oceanogràfic - 662 860 595 - www.oceanografic.org/en/restaurante-submarino - tlj midi, lun.-sam. soir - menus déj. 35,90/45 €, menu soir 50 €.* Dessiné par Félix Candela, le

bâtiment est parfaitement intégré au site. On rejoint le restaurant au sous-sol par un escalier au centre duquel s'illumine un gigantesque lustre aux allures de méduse. L'aquarium qui entoure la salle permet de manger cernés de tous les côtés par une extraordinaire faune aquatique.

48 **Vertical** – *Luis García Berlanga, 19 - 963 30 38 00 - www.restaurantevertical.com - merc.-lun. midi et soir - menus 59/80/95 €.* La vue panoramique sur la Cité des Sciences et la marina confère un atout indéniable à cet établissement perché au dernier étage de l'hôtel Ilunion Aqua 4. La salle est contemporaine et les menus gastronomiques reflètent une cuisine créative.

QUARTIER MARITIME

Plan de quartier ***p. 50***

Tout le long du Paseo Marítimo de la Playa de la Malvarrosa se succèdent des petits bâtiments identiques abritant cafés et restaurants de plage et le Paseo Neptuno de la Playa de las Arenas regorge de restaurants.

Moins de 15 €

❤ 12 **Bodega La Peseta** – *Santísimo Cristo del Grao, 16 - 637 86 05 28 - www.facebook.com/bodegalapeseta.elgraovalencia - merc.-vend. 19h30-0h30, sam.-dim. 12h30-17h, 19h30-0h30 - tapas 4/8 €.* Un incontournable dans les ruelles du vieux quartier maritime. Juste à côté du marché, La Peseta attire une clientèle alternative qui apprécie sa décoration rétro et ses petits plats à partager. Pas de touristes ici, la clientèle déborde sur le trottoir, bière à la main, dans une ambiance toute méditerranéenne.

❤ 38 **Mercabanyal** – *Eugènia Viñes, 225 - 637 86 05 28 - www.mercabanyal.com - mar.-dim. 17h-0h (vend.-sam. 1h) - 8/15 €.* En plein cœur du Cabanyal, à un jet de pierre de la plage, ce nouveau *food court* de 1200 m^2 compte six espaces gastronomiques et de nombreuses terrasses en hauteur. Un lieu convivial et bien intégré au décor pittoresque du quartier. À découvrir !

De 15 à 30 €

❤ 37 **Casa Carmela** – *Isabel de Villena, 155 - front de mer, juste à côté du Museo Blasco Ibáñez - 963 71 00 73 - www.casa-carmela.com - mar.-dim. 13h-16h - 15/30 €.* Depuis 1922, quatre générations se sont succédé dans cet excellent restaurant où la paella cuite au feu de bois est un délice. Les murs sont recouverts de céramique de Manises, typique de la province. Agréable terrasse.

25 **La Pepica** – *Paseo Neptuno, 6 - 963 71 03 66 - www.lapepica.com - 13h-16h, 20h30-23h, fermé dim. soir - menus 25/35 €.* Un restaurant de plage historique, bondé aux beaux jours. Grand spécialiste de la paella, le lieu s'honore d'avoir reçu Don Ernesto (Hemingway). Atmosphère populaire et authentiquement valencienne.

24 **Bodega Casa Montaña** – *José Benlliure, 69 - (av. del Puerto) - 963 67 23 14 - www.emilianobodega.com - fermé dim. soir - menu 30 €.* Cette taverne plus que centenaire, décorée de tonneaux,

propose un grand choix de tapas et dispose d'une cave de vins espagnols quasi exhaustive. Emiliano et son fils Alejandro dirigent le restaurant, où se retrouvent les habitués, avec convivialité et simplicité. On déguste ici les meilleures *patatas al aïoli* de Valence. Un délice !

Plus de 30 €

28 **La Rosa** – *Paseo Neptuno, 70 - Playa de Las Arenas - ✆ 963 71 20 76 - mar.-dim. 13h-16h, fermé 3 sem. en août - menus à partir de 25 €, carte 30/50 €.* En bord de mer, La Rosa prépare une cuisine traditionnelle, avec notamment le fameux *arroz a banda*. Le restaurant, fondé en 1925 (une buvette de plage à l'époque), dispose d'une terrasse vitrée et est devenu presque aussi emblématique que La Pepica.

16 **La Sucursal** – *Muelle de la Aduana - ✆ 963 74 66 65 - www.restaurantelasucursal.com - 13h30-23h, fermé lun. - menu du jour 50 €.* Au dernier étage de l'édifice Veles et Vents, un restaurant design au décor minimaliste qui compte parmi les meilleures adresses gourmandes de Valence. Cuisine « d'auteur ».

60 **La Marítima de Veles e Vents** – *Muelle de la Aduana - ✆ 610 91 51 41 - www.facebook.com/lamaritimadeveles - tlj midi, lun.-ven. soir - 30/50 €.* Ambiance marine pour cette belle adresse à la vaste salle lumineuse et contemporaine. On passe par le présentoir à poissons et fruits de mer avant d'aller s'asseoir pour admirer le va-et-vient des voiliers juste en face. Cuisine raffinée et service impeccable.

PARC NATUREL DE L'ALBUFERA

***Plan* p. 55**

Les restaurants sont nombreux dans le village d'El Palmar (spécialités de riz et de paellas pour beaucoup d'entre eux).

Plus de 20 €

Arrocería Maribel – *Francisco Monleón, 5 - El Palmar - ✆ 961 62 00 60 - www.arroceriamaribel.com - fermé le soir - 20/45 €.* Un restaurant qui rend hommage aux saveurs régionales et valenciennes. Plats traditionnels (paellas et riz) ou plus créatifs (tartare d'anguille, croquette de jambon et sauce à la truffe). Terrasse spacieuse presque posée sur le canal.

Bon Aire – *Caudete, 41 - El Palmar - ✆ 961 62 03 10 - www.restaurantebonaire.com - fermé le soir - à la carte 25/40 €, menus 22/36 €.* Une adresse sûre d'El Palmar : en témoignent les récompenses que le chef a obtenues avec ses paellas ! Si la recette valencienne est la spécialité de la maison, de nombreuses variantes sont à la carte (anguille, encre de seiche, canard et bolet, etc.). Menu très copieux, à partager pour toute la tablée.

Restaurant La Pepica, plage de la Malvarrosa.

RESTAURANTE LA PEPICA
FUNDADO en 1898 por
Josefa Marques
1° CENTENARIO 1998
TOROS

Prendre un verre

Qu'il s'agisse de se rafraîchir ou de prendre un apéritif, Valence, comme toute ville espagnole, ne manque pas de propositions bienvenues, notamment en été où il peut faire très chaud.
Dans plusieurs quartiers de la ville, de petites roulottes Món Orxata déambulent dans les rues, servant une *horchata de chufa* bien glacée (*encadré p. 122*).

Repérez les adresses sur nos plans grâce aux pastilles numérotées (ex. 1). Les coordonnées en rouge (ex. C2) font référence au plan détachable (à l'intérieur de la couverture).

AUTOUR DE LA CATHÉDRALE

***Plan de quartier** p. 18-19*
Aux belles terrasses de l'agréable et animée **plaza de la Reina**, devant la cathédrale, s'ajoutent d'innombrables cafés et bars nichés dans les ruelles et sur les places adjacentes, notamment autour de la **plaza Redonda**. Ne manquez pas non plus de faire une pause **plaza de la Virgen**, cœur historique de la ville.
À la frontière du barrio del Carmen, la calle de Caballeros/carrer dels Cavallers et les rues adjacentes constituent l'épicentre de la vie nocturne dans le cœur historique.
❤ 2 **Horchatería Santa Catalina** – *E4 - Pl. Santa Catalina, 6 - 963 91 23 79 - www.horchateriasantacatalina.com - 8h15-21h30.* On y boit une des meilleures *horchatas* de Valence, selon bien des spécialistes. Les murs sont ornés de céramique de Manises, à découvrir !
4 **Cappuccino** – *E4 - Pl. de la Reina - 963 15 21 43 - www.grupocappuccino.com - 8h-0h.* Ce lieu est aussi agréable pour prendre un petit-déjeuner aux beaux jours (*tostadas* à la tomate ou à l'huile, ou bien véritables croissants), qu'à l'heure de l'apéritif.
9 **Café Negrito** – *D3 - Pl. del Negrito - 963 91 42 33 - lun.-sam. 16h-4h, w.-end 12h-4h.* Café d'artistes situé sur une petite place. On y vient

PixHound/iStock

Horchatería Santa Catalina.

pour boire entre amis une Agua de Valencia (eau de Valence), un cocktail à base de jus d'orange, *cava* (le « champagne » espagnol) et triple sec, à consommer très frais).

10 Ghecko – ***D3*** - *Pl. del Negrito, 2 - ☎ 963 91 07 79 - jeu. 18h-3h30, vend.-sam. 16h30-3h30, dim. 17h30-22h30, fermé lun.-merc.* Juste en face du précédent, ce bar est totalement recouvert de coquillages. Une bonne adresse pour boire un verre.

11 La Cava del Negret – ***D3*** - *Calatrava, 15 - ☎ 963 92 33 01 - www.lacavadelnegret.com - lun.-vend. 16h-2h, w.-end 12h-2h.* Dotée d'une agréable terrasse et d'un intérieur coquet, cette institution valencienne est spécialiste du cava et de l'Agua de Valencia.

14 Café Lisboa – ***D3*** - *Pl. Dr Collado, 9 - ☎ 963 91 94 84 - www.cafelisboavlc.com - mar.-jeu. 17h-1h30, vend.-dim. 12h-1h30.* Depuis 1978, ce café-bar déploie sa terrasse sur une place animée. Parfait aussi bien pour un petit-déjeuner que pour une pause en cours de journée ou un verre en soirée.

13 Bar Los Picapiedra – ***D3*** - *Caballeros, 25 - ☎ 622 73 39 17 - 12h-2h.* Légende du monde alternatif valencien, ce bar s'étend sur trois étages et accueille depuis une vingtaine d'années une clientèle aussi cosmopolite que variée.

BARRIO DEL CARMEN

***Plan de quartier* p. 18-19**

15 Café Museu – ***D2*** - *Museu, 7 - ☎ 960 72 50 47 - mar.-jeu. 9h-23h, vend. 9h-1h30, sam. 11h-1h30, dim. 11h-23h, fermé lun.* Une agréable et modeste terrasse en face du Centro del Carmen, dans un coin tranquille du quartier, où l'on propose petits-déjeuners, brunchs et tapas.

AUTOUR DE L'HÔTEL DE VILLE

16 Rivendel Resto-Bar – ***D4*** - *Hospital, 18 - ☎ 963 92 32 08 - www.rivendelrestobar.com - tlj : 13h30-0h30.* Quand l'art rejoint la gastronomie. Un sympathique petit café qui fait aussi restaurant.

5 Gelateria de Pepe Marti – ***C5*** - *Guillem de Castro 57 - ☎ 961 10 04 77 - 11h-22h.* Dans cette micro-boutique, les glaces artisanales sont délicieuses et l'accueil adorable. Parfums de saison et horchata maison.

EL ENSANCHE

22 Mercado de Colón – ***F5*** - *Jorge Juan, 19 - ☎ 963 52 54 78 - www.mercadocolon.es - 7h30-1h.* Vous pourrez goûter à la célèbre horchata y fartón dans l'une des deux *horchaterías* installées dans l'ancien marché : Casa de l'Orxata *(www.casaorxata.com - tlj 8h-22h30, vend.-sam. jusqu'à minuit)* et Orxata Daniel *(www.horchateria-daniel.es - tlj 11h-22h, vend.-sam. jusqu'à minuit).*

18 Taberna El Sitio – ***F6*** - *Císcar, 20 - ☎ 963 50 40 75 - 12h-16h, 19h30-0h.* Dans cette taverne à l'ambiance très taurine, on se retrouve pour le petit-déjeuner, comme à l'heure du tapeo, devant une planche de fromages *curados* (affinés) et une bière ou un verre de vin.

BARRIO DE RUSSAFA

Le quartier branché de Valence s'anime à la tombée de la nuit, notamment dans les calles Sueca, Cádiz, Cuba et Literato Azorín.

7 **Olhöps** – **E7** - *Sueca, 21 - 650 13 50 22 - www.olhops.com - 18h30-0h30 (vend.-sam. jusqu'à 1h30).* Ce bar au décor tendance et à l'ambiance conviviale propose plus de dix sortes de bières artisanales tirées directement des fûts et cent références de bières en bouteille. La sélection changeant périodiquement, on revient volontiers goûter aux nouveautés !

19 **Ubik Café** – **E8** - *Literato Azorín, 13 - 963 74 12 55 - www.facebook.com/ubikcafe - mar.-jeu. 18h-0h, vend. jusqu'à 1h30, sam. 12h-1h30, dim. 12h-23h.* C'est à la fois un café à l'atmosphère gentiment bohème et une librairie d'occasion : la *tapa del libro*, comme on dit sur place. On y déguste (entre autres) des bières artisanales et du vermouth maison. Un des symboles du quartier. Bel espace pour les enfants

20 **Café Berlín** – **E7** - *Cádiz, 22 - 963 81 00 24 - lun.-mar. 18h-1h, merc. 18h-1h30, jeu.-vend. 18h-2h30, sam. 16h30-2h30, dim. 16h30-1h.* Une clientèle d'artistes fréquente ce très sympathique café décoré de tableaux, de meubles détournés et d'étagères pleines de livres.

AUTOUR DES JARDINS DU TURIA

❤ **El Colmado. Tapas y Latas** – **Hors plan** - *Mistral, 39 - 666 44 75 55 - dim.-merc. 10h-23h, jeu.-vend. 10h-22h, sam. 10h-0h.* Dans la ravissante Casa de Trencadís, en plein quartier de Benimaclet, il fait bon s'asseoir sur la petite terrasse pour siroter une bière ou un jus fraîchement pressé. À l'heure du déjeuner, on se régale de conserves de poisson, de charcuterie et de fromages.

QUARTIER MARITIME

***Plan de quartier* p. 50.**

Le long de la belle plage de la Malvarrosa et du Paseo Marítimo, des cafés proposant *granizados*, *horchatas*, glaces et autres boissons rafraîchissantes permettent de profiter de la mer. Les Valenciens aiment y venir en famille.

23 **Las Arenas** – *Eugenia Viñes, 22 - 963 12 06 00 - www.hotelvalencialasarenas.com.* La terrasse de cet hôtel 5 étoiles est idéale pour une pause détente avec vue sur la mer. Balnéothérapie.

❤ 6 **La Fábrica de Hielo** – *Pavía, 37 - 963 68 26 19 - www.lafabricadehielo.net - lun.-merc. 17h-1h30, jeu.-dim. 12h-1h30.* Une ancienne usine à glace reconvertie en espace de création et d'exposition pour les artistes locaux. On vient boire un verre, assister à un concert ou voir une exposition. Programmation très intéressante.

30 **Panorama** – *Marina - 963 81 71 71 - www.panoramarestaurante.com - 12h-0h45 (vend.-sam. 4h30).* À l'extrémité de la Marina, sans aucun vis-à-vis urbain, le Panorama est une pimpante adresse où l'on prend plaisir à s'attarder, bercé par le ballet des voiliers. Restaurant et bar.

Terrasse d'El Comado.

EL COLMADO
Tapas y Latas

Shopping

Le centre historique de Valence regorge de petites boutiques, parfois au charme suranné, où vous trouverez tout ce dont vous pouvez rêver, de la vannerie aux poêles à paella de toutes dimensions, vendues dans les *ferreterías* qui entourent le **Mercado Central**. Pour un commerce plus traditionnel et des boutiques de mode, rendez-vous dans l'**Ensanche**, tandis que **Russafa** voit fleurir des boutiques alternatives où le design côtoie la « mercerie créative ». Autour de la calle de las Avellanas, les antiquaires sont nombreux. Ne manquez pas la **Shopening Night** deux fois par an (mi-juin et fin décembre) dans les calles de la Paz, del Marqués de dos Aguas et Colón. Animations, cocktails et réductions dans les boutiques.

Repérez les adresses sur nos plans grâce aux pastilles numérotées (ex. 1). Les coordonnées en rouge (ex. C2) font référence au plan détachable (à l'intérieur de la couverture).

AUTOUR DE LA CATHÉDRALE

Plan de quartier** ****p. 18-19

Marchés

❤ 14 **Mercado Central** – ***D4*** - *Pl. del Mercado - ✆ 963 82 91 00 - www.mercadocentralvalencia.es - 7h30-15h, sf dim.* On y trouve tous les produits de la région (notamment de délicieuses oranges) et les ingrédients nécessaires à l'élaboration de la cuisine valencienne : riz, épices variées dont le safran du Levant.

11 **Mercado de Tapinería** – ***D3*** - *Tapinería, 15-17 - ✆ 692 22 79 67 - www.mercadodetapineria.com - 9h-23h.* Ce petit marché éphémère change de peau tous les 15 jours. Expositions, artisanat, ateliers, bars-restos et animations aux thèmes variés.

12 **Mercadillo de la plaza Redonda** – ***D4*** - *Pl. Redonda - lun.-sam. 10h-20h.* Vous trouverez, en semaine, des articles de mercerie, et notamment de la dentelle. Le dimanche, le marché change de visage et l'on trouve toute sorte de babioles, timbres, pièces de monnaie, livres et petits animaux !

Design et décoration

Juste au nord du Palacio del Marqués de Dos Aguas, la **calle de la Paz** et ses alentours réunissent bon nombre de boutiques.

Souvenirs

❤ 35 **Tienda de las Ollas de Hierro** – ***E4*** - *Derechos, 4 - ✆ 963 92 20 24 - www.tiendadelasollasdehierro.com - lun.-vend. 9h30-13h30, 16h30-20h, sam. 10h-14h.* La boutique la plus ancienne de la ville, fondée en 1793. Les Valenciens y viennent acheter des accessoires pour la parure de Fallas ou des figurines pour la crèche de Noël. Immersion dans la culture populaire locale. Incontournable.

❤ 34 **Simple** – ***E3*** - *Palau, 5 - ✆ 963 925 022 - www.simple.com.es - lun.-sam. 11h-14h, 17h-21h, dim. 11h-14h30.*

Vicente Lara/@typical Valencia

Boutique de souvenirs @typical Valencia.

Charmante à souhait, cette boutique propose des articles liés à la mémoire collective des Espagnols : cabas en rotin faits main, couvertures en laine tissées dans les montagnes d'Andalousie, ustensiles pour la cuisine de grand-mère, céramique populaire ou encore produits de toilette que l'on croyait disparus. On pourrait y passer des heures !

13 @typical Valencia – ***D3*** - *Caballeros, 10 - ✆ 963 92 37 09 - www.atypicalvalencia.com - 11h-14h30, 18h-21h - fermé dim.* Les principaux monuments (Mercado Central, Lonja) ou événements (mascletà...) de la ville sont repris de façon très originale, colorée et ludique sur des tee-shirts, des bijoux, des accessoires ou des objets.

Artisanat

❤ **39 Abanicos Vibenca** – ***D4*** - *Plaza Lope de Vega, 5 - ✆ 960 05 08 02 - www.abanicosvibenca.es - lun.-vend. 10h-13h30, 17h-20h, sam. 10h-13h30.* Fils et petit-fils de peintres sur éventails au style caractéristique de Valence, Vicente perpétue ce noble art : une fenêtre donnant sur son atelier permettra de mesurer l'application de l'homme à l'œuvre.

10 Cestería El Globo – ***D4*** - *Músico Peydró, 16 - ✆ 963 52 64 15 - www.facebook.com/cesteriaelglobo - lun.-sam. 10h-13h30, 16h30-20h.* Depuis 1856, cette boutique fournit Valence en objets et en meubles de vannerie : cabas, chaises, paniers, tapis, etc.

2 Chez Ramón – ***D4*** - *Pl. Redonda, 2 - 963 91 23 61 - www.chezramon.es - lun.-vend. 9h30-13h30, 16h30-20h, sam. 9h30-13h30.* Ouverte en 1853, la boutique est dirigée depuis cinq générations par la même famille. On y trouve avant tout des objets décoratifs en fer forgé. Céramiques également.

Céramique

Les amateurs trouveront de belles pièces de Valence ou de Manises dans les magasins spécialisés et chez les antiquaires, regroupés pour la plupart à l'est de la cathédrale, entre la plaza del Arzobispo et la plaza Nápoles y Sicilia.

1 Boutique Lladró – ***E4*** - *Poeta Querol, 9 - 963 51 16 25 - www.lladro.com - 10h-20h, sf dim.* Une histoire de famille d'origine valencienne depuis 1950. Les pièces de grande facture sont de véritables œuvres d'art et se vendent aujourd'hui dans le monde entier.

Vintage

20 Studio Vintage – ***D3*** - *Purísima, 8 - 617 95 26 35 - www.studiovintage.es - lun.-vend. 10h30-14h, 17h-20h30, sam. 11h-14h15, fermé dim.* Des meubles et objets vintage des années 1930 à 1970. Ne manquez pas les lunettes de soleil Dior, Paco Rabanne ou Playboy des années 1950 à 1990.

Mode et accessoires

Les rues du **Marqués de Dos Aguas** et **Poeta Querol** regroupent les grands couturiers et les enseignes de luxe les plus prestigieuses (Vuitton, Loewe, etc.).

5 Kupka – ***D4*** - *Derechos, 19 - 665 06 06 86 - www.facebook.com/KupkaDesign - lun.-sam. 10h-15h, 16h30-21h.* Passez la porte de cette petite boutique à l'allure baba cool : sacs et bijoux en métal et en cuir faits main, à tout petits prix !

9 Bugalú – ***D3*** - *Lonja, 6 - 963 91 84 46 - www.facebook.com/bugaluvalencia - lun.-sam. 10h-14h, 17h-20h30, dim. 10h30-14h30.* Vaste choix de vêtements et d'accessoires pour homme et femme dans un esprit coloré et quelque peu décalé. Marques nationales et internationales. À quelques mètres, Madame Bugalú (Danzas, 3) propose une sélection pointue de créations pour femme.

Spécialités gourmandes

3 Turrones Ramos – ***D4*** - *Sombrerería, 11 - à côté de la pl. Redonda - 963 92 33 98 - www.turrones-ramos.es - lun.-vend. 10h-14h, 18h-21h, sam.-dim. 10h-14h.* Depuis 1890, ce magasin est dédié à la fabrication artisanale du turrón. Goûtez aussi les massepains (à base de pâte d'amande, de sucre et de blanc d'œuf).

4 Original CV – ***D4*** - *Pl. del Mercado, 35 - à l'angle de la calle Ercilla - 963 91 84 80 - www.originalcv.es - 10h-20h30.* Cette boutique de produits gourmands est installée dans une ancienne pharmacie au plafond artesonado décoré par Francisco Dalt, peintre d'azulejos de Manises. Sur les étals : riz, pâte de coing (dulce de membrillo), miel et confitures, huile d'olive, horchata de chufa, turrones, vins et bières locales, et Agua de Valencia. Autre point de vente à la gare AVE Joaquín Sorolla.

Alcools

15 Bodegas Baviera – **D3** - *Corretgería, 40 - ✆ 963 320 987 - lun.-sam. 9h-15h, 17h-21h30.* Maison fondée en 1870. Vous trouverez toutes sortes d'alcools dans cette immense boutique : vins, bières, liqueurs, huiles... et même de l'Agua de Valencia ! Collection impressionnante d'instruments de musique (à vent, à cordes, etc.).

BARRIO DEL CARMEN

Plan de quartier ***p. 18-19***

Marché

17 Mercado Mossén Sorell – **D2** - *Pl. Mossén Sorell - lun.-merc. et sam. 7h30-15h, jeu. 17h-20h, vend. 17h30-21h.* Ce joli petit marché date de 1930. On y trouve une belle variété de produits frais et locaux.

Mode

18 Tresors – **D3** - *Bolsería, 13 - ✆ 963 15 31 50 - www.facebook.com/tresorshandmade - lun.-jeu. 11h-14h, 17h-21h, vend.-sam. 11h-21h.* Créateurs de vêtements faits main, chaussures, accessoires et artisanat.

Vintage

33 Santo Spirito Vintage – **D3** - *Alta, 22 - ✆ 961 14 63 44 - www.santospiritovintage.com - lun.-sam. 11h-14h, 17h-21h.* C'est LA boutique de vêtements d'occasion homme et femme à Valence ! Quelques créations propres, comme l'incontournable t-shirt « Balenciana » (Valencienne).

19 Pannonica Vintage – **D2** - *Baja, 28 - ✆ 696 95 10 55 - lun.-vend. 11h30-14h, 17h30-21h, sam. 12h-15h.* On trouve tout dans ce vintage store ! De la machine à écrire en passant par le bibendum ou le distributeur de chewing-gums jusqu'aux vinyles de jazz : de vrais trésors.

21 Monterey Bar & Discos – **D2** - *Baja, 46 - ✆ 963 91 79 29 - www.montereydiscos.es - lun.-sam. 18h-1h30.* Rock, funk, R & B, jazz, punk ou garage... tous les styles sont là, en CD ou vinyles, des années 1950 à nos jours.

AUTOUR DE L'HÔTEL DE VILLE

Bio

16 Herbolario Navarro – **D5** - *San Vicente Mártir, 63 - ✆ 963 52 28 51 - www.herbolarionavarro.es - lun.-sam. 9h-21h.* Immense supermarché bio qui va de l'alimentation aux produits de beauté avec des animations, dégustations et des ateliers. Petite restauration bio.

Douceurs

❤ **24 Turrones Galiana** – **D4** - *Sant Vicent Màrtir, 45 - ✆ 963 52 08 91 - www.turronesgaliana.com - oct.-janv. : tlj 9h-14h30, 16h30-21h.* Fabrication artisanale de grande qualité, Turrones Galiana n'ouvre ses portes qu'en hiver et c'est là qu'il faut foncer ! Cette petite boutique, où tout le monde se presse, fabrique du *turrón*, des fruits confits et de nombreux petits gâteaux : un régal !

Librairie

29 Casa del Libro - **E5** - *Paseo Ruzafa, 11 - ✆ 902 02 64 11 - www.casadellibro.com - lun.-sam. 9h30-21h30, dim. 11h30-14h30, 16h-21h.* Grande librairie proposant également des expositions.

EL ENSANCHE

La **calle Colón** et la **calle Jorge Juan** rassemblent des enseignes de prêt-à-porter et d'accessoires espagnoles (Uno de 50, Javier Simorra, Purificación García, Bimba & Lola, etc.). Autour du **marché de Colón**, un quartier très tendance, se trouvent les stylistes d'avant-garde.

Marché

23 Mercado de Colón - **F5** - *Jorge Juan, 19.* S'il ne fonctionne plus en tant que marché, on y trouve plusieurs boutiques de produits gourmands (voir aussi « Prendre un verre »).

Mode et accessoires

22 El Mundo al Revés - **F6** - *Maestro Gozalbo, 28 - ✆ 963 74 46 22 - lun.-sam. 10h30-14h, 17h-20h30.* Charmante petite boutique de vêtements et accessoires féminins. Un second magasin a ouvert dans le quartier *(Comte de Salvatierra, 21).*

6 Sombreros Albero - **E6** - *Xátiva, 21 - ✆ 963 51 22 45 - www.sombrerosalbero.com - lun.-sam. 10h30-14h, 17h30-21h.* Dans cette boutique historique (fondée en 1820 par la famille Albero, toujours aux commandes), nul doute que vous trouverez le couvre-chef de vos rêves : toutes sortes de casquettes, certaines dignes de Sherlock Holmes, d'authentiques panamas et borsalinos, et même des canotiers appelés ici « chevalieres » en hommage à Maurice Chevalier.

Grand magasin

7 El Corte Inglés - **F5** - *Colón, 27 - juste à la sortie du métro du même nom - ✆ 963 15 95 00 - www.elcorteingles.es - lun.-sam. 10h-22h.* C'est l'antenne la plus proche du centre du fameux grand magasin.

Douceurs

25 Bautista Marti Italia - **F6** - *Av. Reino de Valencia, 27 - ✆ 963 28 93 80 - dim.-jeu. 12h-0h, vend.-sam. 12h-1h30.* Vous serez certainement attiré par la vitrine de ce restaurant italien où l'on trouve absolument tout, dans un cadre très moderne : pâtes, pizzas, épicerie fine, charcuteries, pâtisseries, cocktails et de délicieuses glaces !

Enfants

26 Dideco - **F5** - *Galeria Jorge Juan - ✆ 963 52 21 65 - www.dideco.es - lun.-sam. 11h-14h, 17h-20h.* Vaste magasin de jouets et de livres pour enfants de 0 à 12 ans.

BARRIO DE RUSSAFA

Les rues piétonnes de Ruzafa et del Convento de Santa Clara sont très commerçantes.

Accessoires

8 Abanicos Carbonell - **E6** - *Castellón, 21 - ✆ 963 41 53 95 - www.abanicoscarbonell.com - lun.-vend.*

10h-13h30, 17h-20h. En activité depuis 1810 et tenu par la même famille, cet éventailliste vend des articles pour tous les goûts et à tous les prix. Une visite incontournable quand les températures montent !

Librairies

28 **Librería Bartleby** – **E7** - *Cádiz, 50 - ✆ 963 23 71 84 - lun.-sam. 10h-14h, 17h-21h.* Bel espace culturel où l'on peut déguster aussi du bon vin !

30 **Gotham Comics** – **E7** - *Ruzafa, 56 - ✆ 963 95 97 16 - lun.-sam. 10h30-14h, 17h-20h30.* Les amateurs de comics se plairont dans cette librairie spécialisée dans les comics américains, mais pas seulement ; nombreuses BD.

Enfants

31 **Caôkids** – **E7** - *Cádiz, 33 - ✆ 633 74 16 19 - www.caokids.es - lun.-sam. 11h-13h30, 17h30-20h.* Des vêtements colorés et des accessoires rigolos pour les enfants de 0 à 5 ans.

Vintage

32 **Ruzafa Vintage** – **D8** - *Puerto Rico, 33 - ✆ 657 19 12 24 - www.ruzafavintage.es - mar.-vend. 10h-14h, 17h-20h30, sam. 11h-14h, 18h-21h.* La devanture mauve de cette boutique de déco et de meubles vintage attire l'œil. Si vous avez un peu de temps, faites personnaliser des objets !

Chocolat

38 **Trufas Martínez** – **E6** - *Ruzafa, 12 - ✆ 963 51 62 89 - www.trufasmartinez.com - lun.-sam. 10h-14h, 17h-20h30.* Depuis 1931, un chocolatier incontournable pour les amateurs de truffes. Pour le reste, la maison propose de délicieux marrons glacés et des chocolats noirs parfumés.

CITÉ DES ARTS ET DES SCIENCES

***Plan de quartier* p. 43**

Centres commerciaux et grands magasins

Les centres commerciaux ci-dessous sont accessibles en métro.

36 **Aqua** – *Menorca, 19 - ✆ 963 30 84 29 - www.aqua-multiespacio.com - P - lun.-dim. 10h-1h30 (vend.-sam. 4h).* Agréable centre commercial à ciel ouvert. Boutiques, restaurants et cinémas au pied de la Cité des Arts et des Sciences.

37 **El Corte Inglés** – *Pintor Maella, 37 - ✆ 963 35 05 00 - www.elcorteingles.es - P - lun.-sam. 10h-22h.* L'un des quatre Corte Inglés de Valence, grand magasin espagnol.

Sortir

Comme toute ville espagnole, Valence propose un grand choix de sorties pour les noctambules, les mélomanes, les cinéphiles, etc. C'est une ville jeune et universitaire. Les nombreux étudiants étrangers contribuent notamment à l'animation des nuits valenciennes. Les principaux lieux de sortie se trouvent autour du **port**, dans le **barrio del Carmen**, la **calle de Caballeros**, et à **Russafa**, le dernier quartier tendance.

Repérez les adresses sur nos plans grâce aux pastilles numérotées (ex. 1). Les coordonnées en rouge (ex. C2) font référence au plan détachable (à l'intérieur de la couverture).

Vous trouverez une liste détaillée des programmations théâtrales et musicales dans le mensuel **24/7 Valencia** (en anglais), distribué gratuitement dans les offices de tourisme et certains hôtels.

AUTOUR DE LA CATHÉDRALE

***Plan de quartier* p. 18-19**

Café-club

❤ 30 **Café de las Horas** – ***E3*** - *Conde de Almodóvar, 1 - ✆ 963 91 73 36 - www.cafedelashoras.com - lun.-sam. 10h-2h, dim. 11h-2h.* Le principal attrait de ce café à l'ambiance très 19e s. réside dans sa décoration exubérante à dominante rouge, faite de trompe-l'œil peints sur les murs et complétée de cadres et de lustres imposants. Atmosphère calme et intime, appréciée d'une clientèle variée : plutôt chic en journée, plutôt gay le soir (mais sans exclusivité), tout le monde communiant devant son pichet d'Agua de Valencia.

Club

5 **Radio City** – ***D3*** - *Santa Teresa, 19 - ✆ 963 91 41 51 - www.radiocityvalencia.es - vend.-mer. 22h30-4h, jeu. 20h-4h.* Dans ce club, on danse sur toutes sortes de musiques. Ce lieu mythique propose aussi des expositions, des projections de courts-métrages et des représentations théâtrales.

BARRIO DEL CARMEN

***Plan de quartier* p. 18-19**

Jazz

3 **Jimmy Glass Jazz Bar** – ***D2*** - *Baja, 28 - ✆ 656 89 01 43 - www.jimmyglassjazz.net - horaires des concerts très variables - regarder la programmation sur leur site.* Le club de jazz historique de Valence où se produisent les meilleurs jazzmen contemporains.

Flamenco

4 **Café del Duende** – **C2** - *Turia, 62 - près du Jardin botanique - ✆ 630 45 52 89 - www.cafedelduende.com - concerts les jeu. à 22h30, vend. et sam. à 23h, dim. à 20h - 10 € avec une boisson.* Un lieu authentique, même si les touristes sont nombreux, pour écouter du bon flamenco interprété par des artistes régionaux.

Terrasse de café le soir.

de la Lonja

Café culturel

20 L'Ermità Café Cultural – **D3** - *Obispo Don Jerónimo, 4 - ✆ 963 91 67 59 - 18h-1h30 (dim. 19h).* Trencadís au sol, pierres aux murs, ce café culturel accueille des expositions de peinture et offre une belle sélection de bières.

AUTOUR DE L'HÔTEL DE VILLE

Cinémathèque

6 Filmoteca de l'IVAC – **E4** - *Pl. del Ayuntamiento, 17 - ✆ 963 53 93 00 - www.ivac.gva.es/la-filmoteca - séances entre 19h et 22h30.* L'Instituto Valenciano del Audiovisual y la Cinematografía, au Teatro Rialto, propose des cycles thématiques de films d'art et d'essai en VO sous-titrée.

Ciné

24 Cines Lys – **E5** - *Paseo Ruzafa, 3 - ✆ 963 51 17 66 - www.cinelys.com.* En plus des projections cinématographiques, le cinéma propose des opéras, ballets, concerts classiques et actuels.

EL ENSANCHE

Tauromachie

7 Plaza de Toros de Valencia – **E6** - *Xàtiva, 28 - ✆ 963 51 93 15 - www.torosvalencia.com - réserv. ou places au guichet devant les arènes; tarifs corridas 12/142 €, novilladas 12/38 €.* Série d'une dizaine de spectacles taurins pour les Fallas (12-19 mars), 2 ou 3 autour du 9 mai (Feria de la Virgen de los Desamparados), 5 à 7 pour la Gran Fira de València (Sant Jaume, autour du 25 juil.), 2 pour El Día de la Comunidad Valenciana (9 oct.).

BARRIO DE RUSSAFA

Guide des activités du quartier de Russafa : http://ruzafanoche.com ; https://livingruzafa.wordpress.com.

Jazz

9 Café Mercedes Jazz – **E7** - *Sueca, 27 - ✆ 640 09 74 90 - www.cafemercedes.es - jeu. 20h-1h30, vend.-sam. 20h-3h30, dim. 18h-23h30.* Jazz mais aussi musique de chambre ; une programmation éclectique !

Club

26 Piccadilly – **E7** - *Tomassos, 12 - vend.-sam. 1h-7h30.* Musique électro et pop rock dans les oreilles !

Bars

27 Taberna Cubana Salsavana – **E7** - *Cádiz, 27 - ✆ 963 80 31 36 - 14h-2h.* Bar cubain où l'on sert les meilleurs mojitos de Russafa !

28 Backstage Russafa – **E8** - *Literato Azorín, 1 - ✆ 656 91 95 06 - dim.-jeu. 16h-1h30, vend.-sam. 16h-2h.* Un peu cher, Backstage Russafa est cependant un lieu incontournable du quartier.

29 Café Pessoa – **E7** - *Literato Azorín, 2 - ✆ 963 41 75 14 - lun., mar. et jeu. 18h-2h, vend.-dim. 16h-2h (dim. 22h), fermé merc.* Ambiance colorée pour ce bar à cocktails, ou l'on sirote aussi bien gin tonics que jus de fruits naturels.

❤ **1 La Bella de Cádiz** – **E7** - *Cádiz, 54 - ✆ 663 31 46 07 - www.facebook.com/labelladecadiz54 - merc.-dim. 19h-1h30.* Baroque et décalé, ce bar de nuit attire une clientèle variée, locale et étrangère, qui vient prendre le premier verre de la soirée dans un décor surchargé. Ici, tout est en vente !

AUTOUR DES JARDINS DU TURIA

***Plan de quartier* p. 43**

Concerts et opéra

❤ 11 **Palau de la Música** – **G6** - *Paseo de la Alameda, 30 - ✆ 963 37 50 20 - www.palauvalencia.com.* L'un des temples de la vie culturelle, consacré à la musique classique. En travaux en 2020, sa réouverture est prévue pour 2021.

CITÉ DES ARTS ET DES SCIENCES

***Plan de quartier* p. 43**

Concerts et opéra

12 **Palau de les Arts** – **H8** - *Avda del Professor López Piñero, 1 - ✆ 961 97 58 00 - www.lesarts.com.* Calatrava au service de l'art lyrique.

Club

14 **Umbracle Terraza** – *Autopista del Saler, 5 - www.umbracleterraza.com - jeu.-sam. 1h-7h30.* Le club Mya offre deux grandes pistes ainsi qu'une terrasse en saison (mai-sept.) pour danser jusqu'au bout de la nuit face au musée des Sciences.

Flamenco

22 **La Bulería** – **F8** - *Obispo Jaime Pérez, 24 - ✆ 963 81 56 61 - www.labuleria.com - jeu.-sam. 20h-1h - menus 45/75 €.* Déco en noir et blanc et photos aux murs pour ce lieu reconnu en matière de flamenco.

QUARTIER MARITIME

***Plan de quartier* p. 50**

Clubs

15 **Vivir sin Dormir** – *Paseo Neptuno, 42 - ✆ 963 72 77 77 - www.vivirsindormir.com - tlj : 11h-3h.* Son nom le confirme : c'est ici un haut lieu des nuits blanches valenciennes, au bord de la mer.

16 **High Cube** – *Puerto Valencia (en face de l'édifice Veles e Vents) - ✆ 963 37 47 20 - www.facebook.com/highcube.valencia.96 - 13h-3h30.* La boîte branchée du quartier maritime. Ici, on danse au bord de l'eau, au milieu de grands cubes fluorescents.

17 **Destino 56** – *Paseo Neptuno, 56 - ✆ 963 72 44 33 - www.destino56.es - tlj 9h-2h (vend.-sam.3h) - paellas 13/20 €, poisson 16/20 €.* Littéralement bondé dès l'arrivée des beaux jours, ce bar à cocktails (également restaurant) au cadre contemporain accueille une clientèle majoritairement jeune.

25 **Marina Beach Club** – *Marina - ✆ 961 15 00 07 - www.marinabeachclub.com - tlj 11h-3h30.* Avec sa vaste terrasse donnant sur la plage et une programmation live et DJ set, le Beach Club de la Marina est un haut lieu des nuits valenciennes.

Flamenco

21 **El Toro y la Luna** – *Pl. Mestre Ripoll, 13-14 - ✆ 667 33 81 67 - www.tablaoflamenco.es - jeu.-sam. 21h30-3h30.* À l'ouest du quartier Cabanyal, c'est l'un des meilleurs tablaos de Valence, superbement décoré de trencadís.

Se loger

La plupart des hôtels se concentrent dans le centre historique : El Carmen, plaza del Ayuntamiento et plaza de la Reina. La zone autour du Palais des Congrès abrite également quelques hôtels de bon standing à prix attractif. ☺ Lors des festivités (de la Semaine sainte et surtout pendant les Fallas), les tarifs peuvent passer du simple au double.

Repérez les adresses sur le plan détachable (à l'intérieur de la couverture) grâce aux pastilles numérotées (ex. 1). Les coordonnées en rouge (ex. D2) font référence à ce même plan.

AUTOUR DE LA CATHÉDRALE

De 50 à 100 €

❤ (2) **Cosy Rooms Embajador** - **E4** - *Embajador Vich, 5 - réception au Cosy Rooms Tapinería, c/ Tapinería, 13 - ☎ 963 15 50 42 - www.cosyrooms-embajador.com - 21 ch. 75/100 € - pas de ☕.* Dans une rue tranquille, cet hôtel design est équipé de chambres simples et fonctionnelles, quelques-unes étant dotées de terrasses, et toutes, de lits particulièrement larges (certains circulaires !).

(9) **Cosy Rooms Bolsería** - **D3** - *Monges, 4 - réception au Cosy Rooms Tapinería, c/ Tapinería, 13 - ☎ 963 15 50 42 - www.cosyrooms-bolseria.com - 20 ch. 67/100 € - ☕ 4 €.* Cet *hostal* occupe l'emplacement d'un ancien couvent démoli en 1836. Rien de monastique cependant dans ses chambres d'un design épuré. Mention spéciale pour celle dotée d'une superbe terrasse de 50 m², avec vue sur le dôme du Mercado Central.

(7) **Hostal Antigua Morellana** - **D3** - *En Bou, 2 - ☎ 963 91 57 73 - www.hostalam.com - ▤ - 18 ch. (doubles seult) 63/80 € - pas de ☕.* À deux pas de la Lonja de la Seda et du Mercado Central, cet hôtel familial, tenu par quatre sœurs, se distingue par son accueil chaleureux. Les chambres, claires et confortables, offrent de belles vues sur les venelles du quartier (parfois un peu bruyantes la nuit).

(10) **Valenciaflats Catedral** - **D3** - *Tapinería, 15-17 - ☎ 961 93 06 72 - www.valenciaflats.com - 27 appart. à partir de 65 €.* En plein centre, près de la cathédrale, de beaux appartements modernes et tout équipés pour 2 à 6 personnes, dont un sur les toits avec une magnifique terrasse qui domine le Mercado de Tapinería. Service de nettoyage, parking et wifi. D'autres adresses dans la ville.

(8) **Home Youth Hostel** - **D3** - *Lonja, 4 - ☎ 963 91 62 29 - www.homeyouthhostel.com - 18 ch. à partir de 58 € ☕.* Cet hôtel hors norme est aménagé dans un ancien appartement. Les chambres, simples mais impeccables, sont toutes décorées sur un thème différent. Les hôtes se partagent les trois salles de bains de l'appartement et la cuisine pour le petit-déjeuner.

De 75 à 150 €

(3) **Petit Palace Plaza de la Reina** - **E4** - *Abadía de San Martín, 3 -*

L'auberge de jeunesse Home Youth Hostel.

963 94 51 00 - www.petitpalace.com - 43 ch. 75/150 € - 14 €. Installé dans un immeuble du 19e s., cet hôtel est idéalement situé dans le centre historique. Décor moderne et raffiné dans toutes les chambres, dont certaines bénéficient d'une terrasse donnant sur le Palacio del Marqués de Dos Aguas.

❤ 5 **Ad Hoc Monumental** – **E3** - *Boix, 4 - 963 91 91 40 - www.adhochoteles.com - 28 ch. à partir de 75 € - 13,20 €.* Installé dans un édifice de la fin du 19e s., ce charmant hôtel se trouve dans une rue à côté de la cathédrale, mais loin de l'agitation touristique. Calme et accueillant, il dispose de chambres confortables décorées dans le style néorustique (poutres apparentes, tommettes, etc.). Celles de l'étage supérieur disposent d'une petite terrasse privative. Literie très confortable et belles salles de bains (nombreux produits d'accueil).

4 **SH Inglés Boutique Hotel** – **E4** - *Marqués de Dos Aguas, 6 - 963 51 64 26 - www.inglesboutique.com - - 63 ch. 90/150 €.* Face au portail du Palacio del Marqués de Dos Aguas, cet établissement récemment rénové occupe un palais du 18e s. Il propose de vastes chambres élégantes et bien équipées. Certaines offrent une vue éblouissante sur la façade du palais. Restaurant de qualité (Le Marquis) et bar avec terrasse face au palais.

Plus de 150 €

❤ 6 **Caro Hotel** – **E3** - *Almirante, 14 - 963 05 90 00 - www.carohotel.com - P 25 €/j. - 26 ch. 176/250 € - 22 €.* Un petit palais du 19e s. abrite cet hôtel au charme inouï. Le lieu conserve des vestiges archéologiques témoignant des époques romaine et arabe de Valence, disséminés un peu partout, comme dans la salle du restaurant (Sucede, qui a obtenu une étoile Michelin en 2017) et dans les chambres, où une esthétique très contemporaine contribue à les mettre en valeur. Un coup de cœur !

AUTOUR DE L'HÔTEL DE VILLE

De 50 à 100 €

14 **Zalamera** – **D6** - *Pelayo, 44 - 961 01 50 15 - www.zalamerabnb.com - 6 ch. 55/100 € - 7,50 €.* Dans un bel immeuble typiquement valencien, un bed and breakfast aux chambres propres et lumineuses. Au dernier étage, la grande terrasse accueille une clientèle jeune et plutôt branchée.

11 **Hotel Venecia** – **D5** - *Pl. del Ayuntamiento, 3 - 963 52 42 67 - www.hotelvenecia.com - P - 66 ch. à partir de 50 €.* Cet édifice classique à la façade ornée de balcons donne sur la plaza del Ayuntamiento. Les chambres sont très bien équipées. Les étages supérieurs accueillent quelques appartements. Lumineuse, la salle du petit-déjeuner ménage de beaux points de vue sur la ville.

12 **Sweet Hotel Continental** – **E5** - *Correos, 8 - 963 53 52 82 - www.sweethotelcontinental.com - P - 46 ch. à partir de 60 € - 7 €.* À deux pas de la plaza del Ayuntamiento, cet établissement propose des chambres confortables. Accueil sympathique. Location de vélos 12 €/j.

13 Lotelito Rooms & Bar – **E5** - *Virués, 6 - au coin de calle Barcas - ✆ 963 06 09 30 - www.lotelito.com - 18 ch. et 3 appart. à partir de 90 €.* Très bien placé, ce petit hôtel propose des chambres de dimensions variées (celle sur le toit est la plus agréable), ainsi que des appartements équipés d'une kitchenette.

De 100 à 200 €

15 Hotel Sorolla Centro – **E5** - *Convento de Santa Clara, 5 - au coin de la calle Ribera - ✆ 963 52 33 92 - www.hotelsorollacentro.com - 58 ch. 75/140 €* . Bien situé à deux pas des arènes et de la Estacion del Norte, cet hôtel, rénové dans un style très minimaliste, abrite des chambres confortables, sobres et bien insonorisées ; celles donnant sur la rue disposent d'un balcon. Une grande baie vitrée éclaire la salle du petit-déjeuner. Accueil très aimable.

16 Hotel Mediterráneo – **D5** - *Avenida del Oeste 45 - ✆ 963 51 01 42 - www.hotelmediterraneovalencia.com - 34 ch. 70/200 € - 8 €.* Hôtel de style classique, aux chambres modernes et confortables, proche de la plaza del Ayuntamiento.

EL ENSANCHE

De 100 à 200 €

1 Hotel Dimar – **G5** - *Gran Via del Marqués del Túria, 80 - ✆ 963 95 10 30 - www.hotel-dimar.com - P - à partir de 100 €.* Idéalement placé pour rayonner sur les divers quartiers de la ville, le Dimar est bien tenu et dispose d'une petite salle de sport avec sauna en accès privé.

AUTOUR DES JARDINS DU TURIA

Plan de quartier p. 43.

De 100 à 200 €

17 SH Valencia Palace – **G5** - *Passeig de l'Albereda, 32 - ✆ 963 37 50 37 - www.hotel-valencia-palace.com - P - 239 ch. 110/240 € - 12 €.* Face au Palau de la Música se dresse l'imposant et élégant hôtel SH. Suites, restaurant et spa. Une adresse centrale et de qualité.

CITÉ DES ARTS ET DES SCIENCES

Plan de quartier p. 43.

De 50 à 100 €

18 Eurostars Acteón – *Escultor Vicente Beltrán Grimal, 2 - ✆ 963 31 07 07 - www.sercotelhoteles.com - P - 150 ch. et 5 suites à partir de 70 € - 12 €.* Un hôtel de chaîne confortable et de qualité. Les chambres sont lumineuses et fonctionnelles.

QUARTIER MARITIME

Plan de quartier p. 50.

Plus de 100 €

17 Hotel Neptuno – *Paseo de Neptuno, 2 - ✆ 963 56 77 77 - www.hotelneptunovalencia.com - P - 50 ch. à partir de 130 € - 16,50 € - ✕ (Tridente) menus 22/26 €.* Face à la Playa de Las Arenas, un hôtel au style contemporain. Idéal pour alterner baignades et visites grâce au tramway et au métro qui relient la plage au centre historique.

TABACOS

Valence pratique

Dans la vieille ville de Valence, tour-clocher de Santa Catalina.
RossHelen/iStock

Préparez votre voyage

FORMALITÉS D'ENTRÉE

Pièce d'identité obligatoire – Carte d'identité pour les ressortissants de l'UE et pour les Suisses, et passeport pour les Canadiens, valide au moins trois mois après la date de retour prévue.

EN AVION

Aéroport de Valencia Manises – De plus en plus de villes européennes sont reliées à Valence. Depuis la France, vols directs de Paris : 2h avec Vueling (Orly), Transavia (Orly), Air France (Roissy), Air Europa (Roissy) et Ryanair (Beauvais). Volotea assure une liaison depuis Nantes et Lyon et Ryanair depuis Marseille, Bordeaux et Toulouse. Enfin, Easyjet relie Valence à Toulouse. Vols de et pour Bruxelles et Charleroi assurés par Tuifly, Vueling ou Ryanair. Swiss relie Genève à Valence.

Coordonnées de l'aéroport et liaisons avec le centre-ville, p. 3.

Tarifs

Sur les compagnies *low-cost*, les prix peuvent défier toute concurrence, mais n'incluent souvent aucune prestation (taxes d'aéroport, bagages), à régler en sus.

Principales compagnies

Air Europa – www.air-europa.com
Air France – www.airfrance.fr
Easyjet – www.easyjet.com
Swiss – www.swissair.com
Ryanair – www.ryanair.com/fr
Transavia - www.transavia.com
Tuifly - www.tuifly.be/fr
Volotea – www.volotea.com/fr
Vueling – www.vueling.com

Centrales de réservation par Internet

www.expedia.com
www.govoyages.fr
www.lastminute.com
www.opodo.fr

EN TRAIN

Depuis 2014, une ligne TGV relie Paris-Gare de Lyon à Barcelone-Sants en 6h30 environ. Des TGV partent aussi de Toulouse (3h) et Lyon (5h). De Marseille (5h), c'est un AVE, le train à grande vitesse espagnol, qui assure la liaison, *via* Nîmes, Montpellier, Béziers, Narbonne et Perpignan.
Une fois à Barcelona-Sants, trains Talgo (arrivée à la Estación del Norte) ou Euromed (arrivée à la gare Joaquín Sorolla) pour Valence toutes les heures environ (avec arrêt à Castellón) (*p. 3*) ; trajet : un peu plus de 3h.
SNCF – www.oui.sncf.
RENFE – **Iberrail France** (agence Renfe) - 14, r. Bruno-Coquatrix - 75009 Paris - 01 40 82 63 60 - www.renfe.es (horaires et tarifs sur le site Internet).

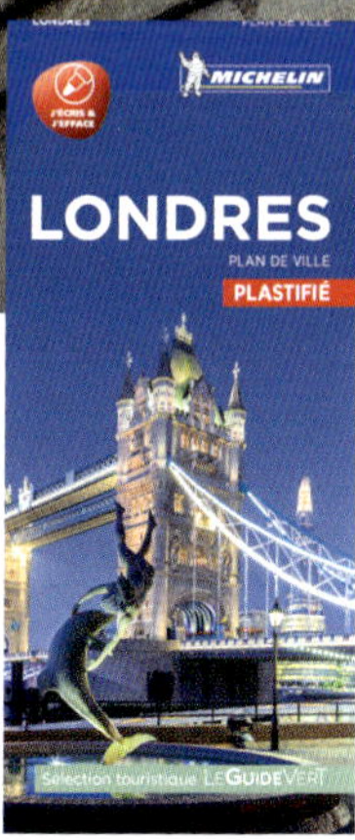

DÉCOUVREZ LE PLAN DE VOTRE PROCHAINE DESTINATION

AMSTERDAM • BARCELONE • BANGKOK • BERLIN • BRUXELLES • BUDAPEST • FLORENCE • LISBONNE • LONDRES • MADRID • MILAN • MOSCOU • NAPLES • NEW YORK • PARIS • PORTO • PRAGUE • ROME • SÉVILLE • SHANGHAI • TOKYO • VENISE • VIENNE •

MICHELIN

EN VOITURE

À déconseiller ! Au plus fort de l'été, la circulation est plus qu'intense sur la côte. Le contournement de Barcelone est lui aussi assez chargé et la route est longue et monotone. L'autoroute de la côte espagnole est payante, et un parking à Valence (indispensable) peut se révéler assez cher.

Si vous persistez, garez-vous dès que possible : une bonne idée, le parking souterrain de la Porta de la Mar (bien situé car il suffit, une fois arrivé aux jardins du Turia, en venant du nord, de le traverser par le Puente de Aragón et de suivre le fléchage).

Voir aussi « Voiture » p. 101.

ARGENT

L'Espagne fait partie de la zone **euro**. Les principales **cartes bancaires internationales** sont acceptées dans la plupart des commerces, restaurants et hôtels.

Les distributeurs automatiques sont nombreux en centre-ville et dans les zones touristiques.

Les visiteurs ne provenant pas de la zone euro changeront leurs devises de préférence dans les banques, même si l'on trouve des bureaux de change au centre-ville, en particulier autour de la plaza del Ayuntamiento.

En cas de perte ou vol de carte, voir l'encadré ci-contre.

SAISONS ET CLIMAT

Valence a reçu, en 2014, le prix du meilleur climat européen de l'année. Il y fait en moyenne 19 °C et on compte plus de 300 jours d'ensoleillement dans l'année. Lorsqu'il pleut, les averses sont généralement brèves mais parfois très intenses (au début du printemps et en automne).

Été – Il fait souvent très chaud mais la mer n'est pas bien loin et une brise se lève chaque jour vers midi.

Hiver – C'est une saison assez agréable, avec des températures rarement en dessous de 10 °C.

Printemps – Mai est la période idéale pour séjourner à Valence.

Automne – Les journées sont douces, entre 15 et 20 °C en moyenne.

POUR EN SAVOIR PLUS

Offices espagnols de tourisme :

– En **France** – 6 r. Halévy, 75009 Paris – ✆ 01 45 03 82 50.

– En **Belgique** – 97 r. Royale, 1000 Bruxelles – ✆ 02 280 19 26.

– En **Suisse** – 19 Seefeldstrasse, 8008 Zurich – ✆ 04 42 53 60 50.

– Au **Canada** – 2 Bloor Street West, M4W 3E2 Toronto – ✆ 1416 961 3131.

« Offices de tourisme » p. 96.

Sites Internet

Des sites très complets et bien faits :

www.visitvalencia.com – Office du tourisme de la ville (en français).

www.spain.info – Site officiel du tourisme en Espagne (en français).

www.comunitatvalenciana.com – Portail officiel du tourisme dans la Communauté valencienne (en français).

Votre séjour de A à Z

CONSULATS

France – Agence consulaire - Calle Cronista Carreres, 11, 1° - 46003 Valencia - ✆ 963 510 359 - https://es.ambafrance.org/Consuls-honoraires-9514
Belgique – Calle Colón, 28 - ✆ 963 532 334 *(uniquement en cas d'urgence et sur RV)*.
Suisse – Calle Amadeo de Saboya, 16 - ✆ 963 625 900.
Canada – Plaça de Catalunya, 9, 1°, 2a, Barcelona - ✆ 932 703 614.

CORRIDA

Les arènes de Valence (calle Xàtiva) peuvent accueillir 12 000 spectateurs. Des séries de corridas sont organisées pour les Fallas (10 jours jusqu'au 19 mars) et pour la Feria de Julio (autour du 25 juillet). Corridas également pour la Fiesta de Nuestra Señora de los Desamparados (mai) et pour El Día de la Comunidad, en octobre, cette dernière donnant leur chance aux toreros locaux.
Dans la pratique, inutile de réserver, sauf le 19 mars, où le « No hay billetes » (affiche « Il n'y a plus de billets ») est apposé sur les guichets si l'on s'y prend tardivement, ainsi qu'en cas de corrida exceptionnelle. Le prix des billets évolue selon l'emplacement par rapport au soleil *(sombra, sol y sombra, sol)* et l'éloignement de la piste.
Pour une corrida nocturne, les places *sol* restent toujours moins chères. Sachez aussi qu'une corrida commence toujours à l'heure, et qu'en juillet une pause d'une demi-heure est observée à mi-course, pour la sacro-sainte *merienda* (goûter, ici constitué de copieux sandwichs).

COURRIER

Les **timbres** *(sellos)* sont vendus dans les bureaux de tabac *(estancos)* et dans les postes *(correos)*.
Poste (Correos) – Pl. del Ayuntamiento, 24 - ✆ 963 512 370 - lun.-sam. 8h30-20h30.

ÉLECTRICITÉ

Le voltage du secteur est de 220 volts.

Pas de panique !

Urgences diverses – ✆ 112
Urgences médicales – ✆ 061
Pharmacies de garde – ✆ 900 500 952
Police nationale – ✆ 091/092
Service d'assistance de la mairie – ✆ 010
Aéroport – ✆ 961 598 500
Perte ou vol de carte bancaire – Visa - ✆ 900 99 1124 (n° local). MasterCard - ✆ 900 97 12 31 (n° vert à partir d'une ligne fixe). American Express - ✆ 00 33 1 47 77 72 00.

ENFANTS

Valence est une destination tout à fait adaptée aux familles. En plus des sites mentionnés ci-dessous, les enfants apprécieront les balades à vélo, le quartier maritime et les plages (*p. 47 et 96*).
Parque Gulliver - *p. 38.*
Bioparc - *p. 41.*
Hemisfèric - *p. 44.*
Museo de las Ciencias - *p. 45.*
Oceanogràfic - *p. 46.*
Museo Fallero - *p. 46.*
Veles e Vents - *p. 48.*
Parc de l'Albufera - *p. 52.*
Devesa Gardens - Ctra Saler, km 13, au sud de la ville - 961 611 136. Parc de loisirs situé au bord de la lagune de l'Albufera. Piscine, courts de tennis, aires de jeux, promenades en barque, services de restauration.

FOOTBALL

Les mordus se rendront au stade de Mestalla pour voir jouer le Valencia CF (un des ténors du championnat espagnol, derrière le Barça et le Real Madrid), qui participe régulièrement aux coupes européennes.

HANDICAP

La ville de Valence, plate et peu pavée, est particulièrement accueillante pour les personnes à mobilité réduite.
Le site de l'**office de tourisme** recense toute l'offre accessible en fauteuil roulant (visites, transports, hébergements, etc.) : www.visitvalencia.com/valencia-accesible.
Les **bus** sont accessibles en fauteuil roulant. Les **plages** de las Arenas et de la Malvarrosa sont aménagées (douche, toilettes, passerelle adaptée).
Dans ce guide, les monuments et musées accessibles sont signalés par le pictogramme ♿.

HORAIRES

Banques et administrations - Lun.-sam. 8h30 (ou 9h)-14h.
Magasins - 10h-20h30 (ou 21h) dans les zones touristiques. La pause à l'heure du déjeuner (14h-17h) reste en vigueur dans les autres quartiers.
Marchés - *p. 95.*
Restaurants - Vous déjeunerez entre 13h30 et 16h. Dîner à partir de 20h30.
Musées et monuments - La plupart des musées et des monuments ouvrent entre 9h et 10h et ferment à partir de 18h (parfois 20h en été). Certains font une pause entre 14h et 17h. Nombre d'entre eux sont fermés le lundi. Dates de fermeture annuelle : 1er et 6 janv., 9 et 12 oct. et 25 déc.

INTERNET

Beaucoup d'hôtels disposent d'une connexion wifi, et certains mettent à disposition un ordinateur.

Cafés Internet

Vous trouverez de nombreux cybercafés dans les rues Pelayo et Convento de Jerusalén (aux alentours de la Gare du Nord). Wifi en libre accès aux offices de tourisme.

JOURS FÉRIÉS

- **1er janvier** : Jour de l'an.
- **6 janvier** : jour des Rois.
- **22 janvier** : San Vicente Mártir.
- **19 mars** : San José (Sant Josep), jour culminant des Fallas.
- **mars ou avril** : Vendredi saint, dimanche (Resurrección) et lundi de Pâques, San Vicente Ferrer (lundi suivant le lundi de Pâques).
- **1er mai** : Fiesta del Trabajo.
- **2e dim. de mai** : Nuestra Señora de los Desamparados.
- **15 août** : Día de la Asunción (Assomption).
- **9 octobre** : Día de la Comunidad (« 9 d'octubre ») célébrant l'entrée à Valence de Jaume Ier le Conquérant le 9 octobre 1238.
- **12 octobre** : Fête de l'Hispanité (fête nationale espagnole, anniversaire de la découverte de l'Amérique).
- **1er novembre** : Todos los Santos (Toussaint).
- **6 décembre** : Día de la Constitución.
- **8 décembre** : Inmaculada (Immaculée Conception).
- **25 décembre** : Navidad (Noël).

LANGUES

Le **castillan** (espagnol) et le **valencien** (langue proche du catalan) se partagent le statut de langue officielle dans la Communauté valencienne. Dans la réalité quotidienne, tout le monde parle castillan, même si de nombreux Valenciens comprennent (et sont capables de parler) leur langue historique.

Le valencien apparaît surtout dans les textes officiels (bilingues) et dans la **toponymie** : les plaques de nom de rue sont rédigées dans les deux langues (calle de Caballeros/carrer dels Cavallers, plaza del Ayuntamiento/plaça Ajuntament), de toute façon assez proches pour que nul ne se sente perdu... sauf dans le cas de la plaza de la Virgen (de la Vierge) qui devient en valencien plaça de la Mare de Déu (de la Mère de Dieu).

LOISIRS

Golf del Saler – À quelques kilomètres au sud de Valence par la CV 500 - ✆ 961 610 384. Réputé pour ses *greens* très techniques. Un des meilleurs golfs d'Europe.

Mundomarino – Marina Real Juan Carlos I (en face de l'édifice *Veles e Vents*) - ✆ 966 423 066 - www.mundomarino.es. Excursions en mer sur un voilier : promenade (1h), coucher de soleil (1h30), excursion de 3h, (15/42 €).

Promenade en barque dans le parc naturel de l'Albufera – Embarcadères à El Palmar (☛ *p. 54*).

MARCHÉS

Mercado Central – 7h30-15h sf dim.

Mercado de Russafa – 8h30-14h30 sf dim.

Le **Mercado de Colón** (8h-2h) n'est plus un marché à proprement parler. Il abrite aujourd'hui des bars et des restaurants, ainsi que quelques commerces.

OFFICES DE TOURISME

Bureau principal

Pl. del Ayuntamiento (dans l'hôtel de ville) – ✆ 963 524 908 - lun.-sam. 9h-19h, dim. et j. fériés 10h-14h.

Autres points d'information

Estación AVE Joaquín Sorolla – San Vicente, 171 - ✆ 963 803 623 - lun.-vend. 10h-18h, w.-end et j. fériés 10h-15h.

Aéroport – Étage des arrivées - ✆ 961 530 229 - mars-oct. : lun.-vend. 8h30-20h30, sam., dim. et j. fériés 9h30-17h30 (nov.-fév. : dim. et j. fériés 9h30-14h30).

Valencia-Plage – Paseo Neptuno, à côté de l'hôtel Las Arenas - ✆ 628 789 837 - de mi-juin à mi-sept. : merc.-sam. 10h-14h et 15h-17h (10h-14h mar., dim. et j. fériés); fermé lun. et reste de l'année.

Calle de la Paz – 963 986 422 - lun.-sam. 9h-19h, dim. 10h-14h.

Tous les bureaux sont fermés les 1er janvier, 6 janvier et 25 décembre.

Palais des Congrès – Corts Valencianes, 41 - ✆963 390 390 - lun.-vend. 9h-14h30. Il s'agit du bureau de l'office de tourisme de la ville.

Le site **www.visitvalencia.com** (en français, très complet) est celui de l'office de tourisme de Valence. Il pourra vous être très utile pendant votre séjour.

PLAGES

Les grandes plages de sable de Valence sont accessibles par le métro (lignes 4, 5 ou 6). Surveillées et équipées en saison, elles sont l'un des nouveaux atouts d'une cité qui a récemment mis en valeur son littoral.

Playa de las Arenas – Ⓜ Marina Reial Joan Carles I (ligne 5 jusqu'à Marítim-Serrería, puis la 8) - www.playadelasarenas.com. La plus proche de la Marina, elle est bordée par le Paseo Neptuno. Bondée en été.

Playa de la Malvarrosa – Ⓜ Les Arenes, Eugenia Viñes (lignes 4 et 6). Dans le prolongement de la précédente, elle dispose d'une armada de *chiringuitos*, tous identiques (boissons fraîches ou déjeuner sur le pouce). La plage familiale par excellence.

La Albufera – Immenses plages et zones dunaires le long du cordon littoral de la Devesa, entre El Saler et la station balnéaire de Cullera plus au sud.

POURBOIRE

Il est d'usage de laisser quelques pièces au café, au restaurant ou au conducteur de taxi.

PRESSE

Vous trouverez la presse française dans les kiosques de l'Ensanche. Pour le programme des animations culturelles de la ville, procurez-vous l'hebdomadaire édité en anglais, **24/7 Valencia** (gratuit, disponible dans les offices de tourisme et halls d'hôtel). La presse locale *(Las Provincias* et *Levante)* ou les éditions valenciennes des quotidiens nationaux *(El País, El Mundo, ABC)* présentent également les principaux événements à l'affiche dans leur rubrique *Cartelera*.

RESTAURATION

Se nourrir à Valence n'est jamais un problème, malgré les horaires quelque peu décalés par rapport aux heures de repas en France. Les bars à tapas, notamment, sont là pour vous permettre d'attendre sans crier famine... On distingue les *tapas*, les *raciones*, un peu plus conséquentes, et les *pintxos* (prononcez *pintchos*), d'origine basque et consommés surtout dans les bars de la Calle San Vicente Mártir. Pour faire passer tout ça, prenez un verre de vin *(una copa)* ou une bière *(cerveza)*. Il ne vous reste qu'à jouer des coudes pour atteindre le comptoir et commander.

Sur le pouce

Outre les sandwichs que l'on achète un peu partout (et que les Valenciens consomment vers 11h, lors d'un repas propre à la région appelé *esmorzar*), pensez aux kiosques qui se trouvent dans les marchés.

Au restaurant

Vous n'aurez que l'embarras du choix (*Notre sélection p. 58*). Tâchez de privilégier la cuisine locale, dont les Valenciens sont fiers, à juste titre (*Saveurs valenciennes p. 121*).

Petit-déjeuner

Ils sont généralement copieux dans les cafés : outre le jus d'orange *(natural)* de rigueur, vous aurez le choix entre viennoiseries, plus ou moins à la française, ou *tostadas* (tartines grillées) au beurre, à l'huile d'olive ou à la tomate.

J.-C. Amiel/hemis.fr

La paella.

TABAC

Il est interdit de fumer en Espagne dans les lieux publics depuis 2011. Vente de cigarettes dans les *estancos* ou aux distributeurs automatiques installés dans les bars ; dans ce cas, demandez au serveur d'activer la machine, bloquée pour que les mineurs ne puissent pas s'en servir.

TAXIS

On en trouve assez facilement (lumière verte : taxi libre) et la course n'est pas très chère (8 à 10 € selon la distance). Tarifs de jour, de nuit, week-end et jours fériés. À titre d'exemple, un trajet de jour aéroport/Valence centre historique coûte un peu plus de 20 €.

Quelques compagnies

Tele Taxi – 963 571 313.
Radio Taxi – 963 703 333.

TÉLÉPHONE

Les numéros de téléphone espagnols comptent 9 chiffres, les trois premiers représentant la province (ou la ville). Pour Valence, c'est le 963.
Les numéros de portable commencent le plus souvent par 6.

De l'étranger

Pour joindre un correspondant à Valence, composez le 00 34 suivi des neuf chiffres de son numéro.

Depuis Valence

Pour l'Espagne : composez les neuf chiffres du numéro de votre correspondant.
Vers la France – 00 33 + le numéro du correspondant sans le 0 initial ; vers la Suisse – 00 41 ; vers la Belgique – 00 32 ; vers le Luxembourg – 00 352 ; vers le Canada – 00 1.
Service de renseignements – 11888 ou 11811 ou 11824.
Renseignements internationaux – 11825.

TRANSPORTS EN COMMUN

Plan des transports en commun au verso du plan détachable.
Ils sont utiles pour se déplacer hors du centre-ville, que ce soit vers le quartier maritime, la Cité des Arts et des Sciences ou l'aéroport.
Si vous êtes titulaire de la **Valencia Tourist Card** (*p. 100*), les transports en commun sont gratuits pendant la durée de validité de la carte.

Métro

Le réseau compte 9 lignes repérables à leur code couleur.
Les lignes 3 (rouge) et 5 (verte) conduisent de l'aéroport au centre-ville (stations Xàtiva ou Colón, *lire aussi p. 3*). Pour rejoindre le quartier maritime, prendre la 8 à Marítim-Serrería et descendre à Marina Reial Joan Carles I, au pied du Paseo Neptuno et de la plage de las Arenas. Pour la plage de la Malvarrosa, changez à la station Marítim-Serrería ou Grau Canyamelar et prenez la ligne 6 pour descendre à la station Les Arenes ou Eugenia Viñes.
Tarifs : les titres de transport sont vendus dans les stations (distributeurs automatiques, paiement par pièces, billets ou cartes de crédit). Le billet simple est valable pour un trajet, mais attention, inutile d'en faire des provisions : il doit être composté dans les 30mn suivant l'achat et coûte 1,50 € (1 zone). Il existe également des **bonometros** valables pour 10 voyages, de 7,60 € (1 zone) à 21 € (4 zones).
www.metrovalencia.es.

Autobus

Réseau important de lignes géré par l'EMT (www.emtvalencia.es).
Voici les lignes sont particulièrement intéressantes pour les touristes :
- la 32 passe par la plaza del Ayuntamiento et dessert la Cité des Arts et des Sciences jusqu'au Paseo Marítimo ;

- les lignes 13 et 35 relient la plaza del Ayuntamiento à la Cité des Arts et des Sciences ;
- la 5 fait le tour du centre historique ; - la 95 longe les jardins du Turia depuis le Bioparc au nord-ouest jusqu'au quartier maritime au sud-est.

Tarifs : le billet simple (1,50 €) peut s'acheter auprès du conducteur.

Bonobús : 10 voyages 8,50 € (en vente dans les bureaux de tabac, 10 € s'il est rechargeable).

Bus de nuit – Le *Valencia Correnit* fonctionne entre 22h30 et 4h45 et dessert l'essentiel des zones de loisirs de l'agglomération.

VALENCIA TOURIST CARD

En vente dans les offices de tourisme, la **Valencia Tourist Card**, valable 24h (15 €), 48h (20 €) ou 72h (25 €), inclut l'utilisation des transports publics sans limitation (y compris vers l'aéroport) et l'entrée dans une vingtaine de sites et musées publics de la ville. Elle offre aussi des réductions dans de nombreux autres musées, boutiques, restaurants et lieux de loisirs.

Distributeur automatique à l'aéroport à l'étage des arrivées, terminal régional (10 % de réduction sur Internet).

ℹ www.valenciatouristcard.com.

VÉLO

Le vélo est idéal pour se déplacer à Valence, en particulier dans les jardins du Turia (7 km de voie cyclable qui file jusqu'à la mer) et en ville où une importante piste cyclable relie les différents quartiers (réseau de 150 km). Il existe différentes agences de location de vélos ainsi qu'un service municipal, **Valenbisi**, qui dispose de près de 300 stations et propose une location à la semaine. Sachez qu'il est interdit de circuler sur les trottoirs et d'attacher les vélos aux lampadaires ou aux arbres.

Valenbisi – ☎ 900 900 722 - www.valenbisi.es. Abonnement 7 j. : 13,30 €. Premières 30mn gratuites, 1,04 € la 1/2h suivante, puis 3,16 €/h.

Valencia Bikes – Passeig de la Petxina, 32 - ☎ 650 621 436 - www.valenciabikes.com - 9h-13h30, 16h-18h (20h en été). Location de vélos (10 €/4h, 15 €/j.) et visites guidées à vélo (☞ *ci-après*).

Do you bike – Calle del Mar, 14 et Calle de la Sangre, 9 - ☎ 963 155 551 et 963 387 008 - www.doyoubike.com - 10h-14h, 17h-20h (lun.-vend. 10 €/j., w.-end 15 €/j.).

Senatibikes – Avenida del Profesor López Piñero, 5 - ☎ 963 922 688 - http://senatibikes.com - 10h-19h. Différents types de vélos, 10 €/j.

PassionBike – 2 boutiques : Serranos, 16 - ☎ 963 919 337 et Abadia de Sant Martí, 4 - ☎ 960 813 054 - www.passionbike.net. Service de location (4 €/h, 10 €/j.) et de balades guidées.

VISITES GUIDÉES

www.visitvalencia.com – Pour découvrir l'ensemble des activités touristiques proposées par l'office de tourisme, autour de la soie, des Fallas ou encore de l'art religieux.

Visiter Valencia – ☎ 606 374 582 - www.visitervalencia.com. « Valencia

Essentielle », visite à pied avec une guide francophone (2h, 15 €/pers.), balade à vélo en français (3h) et autres visites guidées.

Paseando por los Poblados de la Mar – ✆ 685 81 27 12 - www.pobladosdelamar.com/fr. Cette petite agence propose des balades commentées dans le quartier maritime et populaire. Au détour des maisonnettes décaties et modernistes, on y apprend l'histoire et les enjeux actuels du Cabanyal. Recommandé !

Mestalla Forever Tour – ✆ 963 37 26 26 - www.valenciacf.com. Les amateurs de ballon rond auront le plaisir de visiter le fameux stade du Valencia Club de Fútbol. Prévoir 1h et réserver à l'avance.

Valencia Bikes – Passeig de la Petxina, 32 - ✆ 650 621 436 - www.valenciabikes.com. Tour guidé de 3h à vélo en anglais (30 €/pers.).

Turiart – ✆ 657 047 739 - www.turiart.com. Visite de 2h à pied en plusieurs langues, dont le français.

Bus touristique – Deux circuits en ville. La route A (rouge) fait le tour du centre historique, la B (bleu) mène à la marina et aux plages. Un troisième circuit, la route V (vert) (2h), mène à Albufera - billets valables 24h : 19 € (7-16 ans 11 €) ; 48h : 20 € (7-16 ans 12 €) - ✆ 963 414 400 - www.valenciabusturistic.com.

VOITURE

Il est quasiment impossible de stationner dans le quartier historique, mais vous trouverez plusieurs **parkings** souterrains assez faciles d'accès, notamment sous la plaza de la Reina, à côté de la cathédrale, ou à la Glorieta de la Porta del Mar, ainsi que calle Colón (plusieurs parkings à hauteur des calles Hernán Cortés, Félix Pizcueta, de Ruzafa, tous avant d'arriver à la plaza de Toros). Signalons également un parking privé auquel on accède, depuis la plaza del Ayuntamiento, par la calle Correos. Chaque **dernier dimanche du mois**, la circulation automobile est interdite dans le centre de Valence. Le quartier autour de la plaza del Ayuntamiento devient alors piéton, favorisant ainsi les rencontres et les initiatives sociales, culturelles et ludiques (concerts, représentations artistiques ou actions relatives à l'écologie).

Agenda culturel

FÊTES ET ÉVÉNEMENTS

Janvier

▶**Reyes Magos** – (le 5) Comme partout en Espagne, les Rois mages défilent dans les rues *(cabalgata)* le soir du 5 janvier en distribuant des bonbons. Le matin du 6 (jour férié), les enfants découvrent leurs cadeaux.

Mars

▶**Fallas de Valencia** – (du 15 au 19) La grande fête de la ville, classée au Patrimoine culturel immatériel de l'humanité, s'étend de la *Noche de la Plantà* (15 mars), où l'on installe les Fallas, à la Sant Josep, où elles sont brûlées (les festivités démarrent dès le 1er mars). *Mascletàs* (tlj à 14h du 1er au 19 mars), feux d'artifice, offrande de fleurs à la Vierge, défilés en costume traditionnel et corridas *(☛ p. 115)*. www.fallas.com.

Mars-avril

▶**Semana Santa Marinera** – (du dimanche des Rameaux au lundi de Pâques) Processions spectaculaires dans le quartier maritime *(☛ p. 116)*.

▶**Dimanche de Pâques** – On se rassemble dans les jardins du Turia ou sur la plage pour manger la *mona de pascua*, sorte de brioche avec un œuf dur peint en son centre, et les *longanizas de pascua* (des charcuteries), en musique, et faire voler des cerfs-volants.

Mai

▶**Fiesta de Nuestra Señora de los Desamparados** – (2e dim. de mai) Les Valenciens honorent leur sainte patronne sur la plaza de la Virgen *(☛ p. 116)*.

▶**Russafart** – (dernière sem. de mai) Les artistes du quartier de Russafa ouvrent leurs ateliers au public. Ateliers pour enfants, projections, concerts et poésies... avec la participation des bars, restaurants et boutiques du quartier qui accueillent des expositions. Ces portes ouvertes ont lieu tous les deux ans ; la prochaine édition aura lieu en 2021 ou 2022. www.russafart.com.

Juin

▶**Corpus Christi** – (60 jours après Pâques) Procession de chars sur lesquels sont représentés des épisodes bibliques.

▶**Sant Joan** – (nuit du 23 au 24 juin) Fête et feux de la Saint-Jean.

Juillet

▶**Gran Fira de Valencia** – (tout le mois) Concerts et événements. Le dernier dimanche de juillet, bataille de fleurs avec défilé de chars fleuris et lancer de pétales sur le paseo de la Alameda.

Août

▶**Fiesta del Cristo de la Salud à El Palmar** – (1er dimanche d'août) *Romería* (pèlerinage) en barque sur le lac de l'Albufera.

MAY FOTO/age fotostock

Rassemblement de cerfs-volants sur la plage Malvarrosa le dimanche de Pâques.

Octobre

▶**Día de la Comunidad Valenciana** – (le 9) Commémoration de l'entrée triomphale de Jaume Ier le Conquérant dans la ville. La veille au soir, **Festival international de pyrotechnie** dans les jardins du Turia.

Novembre

▶**Grand Prix Moto de la communauté valencienne** – (déb. nov.) Un peu à l'écart de la ville. www.circuitvalencia.com.

▶**Maratón Valencia Trinidad Alfonso** – (mi-nov. ou déc.) Idéal pour battre des records, le circuit est plat et la température de 17 °C. http://maratonvalencia.com.

Décembre

▶**Marché de Noël** – (déb. déc.-6 janv.) Animations sur les principales places, patinoire plaza del Ayuntamiento, fête foraine à la marina, cirques ambulants, feux d'artifice et *Expojove* (ateliers pour enfants) à la Feria, le parc des expositions.

FESTIVALS ET SALONS

La plupart des salons internationaux se tiennent à la **Feria de Valencia**, parc des expositions situé calle Ferias au nord-ouest de la ville (métro ligne 4, terminus Fira Valencia).

Avril

▶**Cuina Oberta** – Pendant 10 jours, une soixantaine de restaurants de

Valence composent de délicieux menus à prix unique : 24 € le midi et 32 € le soir (39 € et 47 € pour les restaurants étoilés Michelin). www.valenciacuinaoberta.com.

▶**Dansa Valencia** – Festival de danse au Teatro Principal (calle de las Barcas/calle Poeta Querolt) et autres salles. https://dv.ivc.gva.es.

▶**Distrito 008** – Concerts, danse, gastronomie... dans les quartiers extra-muros.

Avril-mai

▶**Festival del Cortometraje de Radio City** – Les meilleurs courts-métrages espagnols présentés dans un lieu multiculturel de la calle Santa Teresa. www.radiocityvalencia.com.

Mai

▶**Salón del Manga de Valencia** – Les amateurs de BD, de jeux vidéo japonais et plus généralement de culture contemporaine nippone, se pressent à ce salon.

Juin

▶**Festival de les Arts** – Un week-end de concerts pop rock à la Cité des Arts et des Sciences. www.festivaldelesarts.com.

Juin-juillet

▶**Festival de jazz** – Au Palau de la Música.

▶**Festival de Serenates** – Musique classique à l'ancienne Université.

Août

▶**Filmoteca d'Estiu** – Les jardins du Palau de la Música servent de cadre à la projection de grands classiques et de films cultes. www.ivac-lafilmoteca.es.

Septembre

▶**Russafa Escènica** – Théâtre et arts plastiques. www.russafaescenica.com.

Octobre

▶**Cuina Oberta** – *Voir avril.* 2e édition de l'année.

Novembre

▶**Gastrónoma** – Rencontres et shows cooking à la Feria Valencia. http://gastronoma.feriavalencia.com.

▶**Biennal de Valencia - Ciutat Vella Oberta** – (tous les deux ans, prochaine édition 2021) Les artistes et créateurs de la vieille ville ouvrent leurs ateliers. www.bienaldevalencia-ciutatvellaoberta.org.

Décembre

▶**Salon de l'automobile** – Dans la deuxième semaine du mois.

EXPOSITIONS TEMPORAIRES

Vous pourrez assister à des expositions d'art moderne ou contemporain à l'**IVAM** (*p. 29*), qui présente 4 ou 5 expositions annuelles.

Parmi les autres lieux d'expositions d'art, le **Museo de Bellas Artes San Pío V** abrite, entre autres, une superbe collection de primitifs valenciens.

Le **MuVIM** se sert des arts visuels pour porter un regard ethnographique sur notre société.

Autres centres d'expositions temporaires : Bombas Gens Centre d'Art et Centro del Carmen.

Programmes sur les sites Internet des musées, sur celui de l'office de tourisme et dans *24/7 Valencia*.

Pour en savoir plus

Défilé de Falleras sur la plaza de la Reina.
Jorgefontestad/iStock

Valence en quelques dates

138 av. J.-C. – Fondation de *Valentia Edetanorum* par le consul romain **Junius Brutus**.
75 av. J.-C. – La cité est détruite lors de la guerre civile entre Pompée et Sertorius et reste plus ou moins abandonnée pendant un demi-siècle.
1er-2e s. – Développement de la ville avec la construction d'édifices publics : forum, cirque, port fluvial…
304 – Martyre de saint Vincent.
497 – Installation des **Wisigoths**.
718 – Conquise par les Arabes, Valentia devient Balensiya et dépend dès lors du califat de Cordoue.
778 – La cité est détruite par Abd-er-Rahman Ier.
Autour de 800 – Abd-al-Ali, surnommé **Al-Balansi** (« le Valencien »), se fait construire un palais entouré de jardins : Russafa.
Vers 960 – Institution du **Tribunal des eaux** par le califat de Cordoue.
1010 – Chute du califat de Cordoue. Balensiya devient capitale d'une *taifa* indépendante. Sous le règne d'Abd-al-Aziz, la cité se dote de murailles.
1094 – Après un siège de huit mois **Rodrigo Díaz de Vivar (le Cid)** s'empare le 15 juin de la cité.
1099 – Mort du Cid. Sa veuve, Doña Jimena (Chimène), tente de résister à la pression des Almoravides.
1102 – Les Almoravides prennent le contrôle de Balensiya et résisteront avec succès aux tentatives de reconquête de 1125 et 1172.
1238 – Le roi d'Aragon, **Jaume Ier le Conquérant**, s'empare de la ville, où il entre triomphalement le 9 octobre. Jaume accorde à la cité des privilèges (les **Furs**) et crée le **royaume de Valence**, associé à la couronne d'Aragon.
1247 – Institution d'une monnaie, le *real valenciano*.
1262 – Début de la construction de la cathédrale à l'emplacement de la Grande Mosquée.
1276 – Mort, au Palais royal de Valence, de Jaume Ier le Conquérant.
1348 – Épidémie de peste noire qui ravage la cité.
1363-1364 – Les Valenciens résistent à deux tentatives d'assaut des armées de Castille qui ravagent le Palais royal. Cela vaut à la ville le qualificatif de « deux fois loyale », prononcé par le roi **Pierre le Cérémonieux** (d'où les deux L qui figurent sur le blason).
1392-1398 – Construction des Torres de Serranos, principale porte des nouvelles murailles.
1408 – Création de la première banque, la **Taula de Canvís**.
1424 – En installant sa cour à Valence, le roi Alphonse le Magnanime marque le début de **l'Âge d'or valencien**. Peintres, sculpteurs, écrivains contribuent au prestige de la cité en plein essor économique, et où se dresse depuis 1418 l'emblématique Miguelete (Micalet).
1482 – Construction de la Lonja de la Seda.
1483 – Avec 75 000 habitants, Valence est la première ville chrétienne de la péninsule Ibérique.

1517 – Dramatique inondation du **río Turia**.
1523 – Germaine de Foix, veuve en secondes noces de Ferdinand le Catholique, est nommée vice-reine de Valence par Charles Quint. Elle entretient une cour brillante et aménage les jardins del Real.
1609 – L'expulsion des Morisques entraîne une grave crise économique et financière (banqueroute de la Taula de Canvís).
1707 – La ville est privée de ses Furs, par le Bourbon Felipe V.
1792 – Début des travaux de construction du port.
Fin 18e s. – Valence retrouve une certaine prospérité grâce à ses filatures de soie.
1808 – La ville se soulève contre l'occupant français. Elle sera reprise en 1812 par le **maréchal Suchet**.
1877 – Annexion d'une dizaine de localités, dont Poble Nou de la Mar (actuel quartier maritime) et **Russafa**.
1887 – Le plan d'agrandissement de la ville hors des remparts (l'**Ensanche**) est approuvé.
1900 – 224 839 habitants à Valence.
1921 – Inauguration de la gare de Valencia-Nord.
1936-1939 – Valence, capitale provisoire de l'Espagne républicaine pendant la Guerre civile.
1957 – Une crue meurtrière du **río Turia** aura pour conséquence le détournement du cours du fleuve.
1982 – Valence devient officiellement la capitale de la **Comunidad Valenciana**.
1988 – Première ligne du métro.
1998 – Inauguration de la **Cité des Arts et des Sciences** avec l'ouverture de l'Hemisfèric.

R. Valls López/age fotostock

America's Cup.

2004 – Le Valencia CF remporte la coupe de l'UEFA.
2007 – Valence accueille la 32e édition de l'America's Cup.
2009 – Le Tribunal des eaux est inscrit au Patrimoine culturel immatériel de l'Unesco.
2015 – Joan Ribó (de la coalition Compromís) remplace Rita Barberá (du Parti Populaire) à la municipalité.
2016 – Les Fallas sont classées au Patrimoine culturel immatériel de l'Unesco.
2018 – Inauguration d'une piste cyclable qui fait le tour de la ville (20 km.
2019 – Valence élue Capitale mondiale du design 2022.

L'Âge d'or valencien

Chérie des rois d'Aragon qui y séjournaient volontiers, Valence connut au 15e s. une brillante période artistique. Tout au long de ce siècle et au début du suivant, la cité vécut une floraison artistique et littéraire sans précédent... jusqu'à son déclin politique et économique.

UNE VILLE NOUVELLE

Sitôt reconquise par le roi d'Aragon **Jaume Ier** (1238), Valence devient un immense chantier. On met à bas les mosquées pour construire des églises, comme la cathédrale, commencée en 1262 dans le style roman (il reste de cette époque la porte del Palau), puis poursuivie dans le style gothique (porte des Apôtres, Miguelete) qui va s'imposer. Première parmi tant d'autres, l'église de San Juan del Hospital (1238) est caractéristique du gothique valencien : sans transept, à une seule nef, voûtée d'ogives ou couverte en charpente sur des arcs diaphragmes. Il y a peu de décors sculptés ; c'est la pureté de ses lignes qui fait son élégance. Côté militaire, on érige de puissantes murailles dont témoignent les Torres de Serranos et de Quart. Le gothique civil n'est pas en reste : la noblesse bâtit de somptueux palais dont certains subsistent autour de la calle de Caballeros. Le Palau de la Generalitat et surtout la Lonja de la Seda témoignent de la puissance et de la prospérité de la cité.

L'art de la Renaissance, qui n'arrive que tardivement, se manifeste avec le Colegio del Patriarca, et l'*obra nova* de la cathédrale.

PEINTURE ET SCULPTURE

En peinture, on distingue tout d'abord **Lluís Dalmau** (1400-1468), influencé par Van Eyck, et qui travaille surtout en Catalogne, qui fait pénétrer l'influence flamande en Espagne. L'école des **primitifs valenciens**, empreinte d'une forte influence italienne et flamande, constitue l'un des mouvements picturaux les plus brillants du siècle. Elle est dominée par Jaume Baço, alias **Jacomart** (v. 1413-1461), et son élève **Joan Reixach** (v. 1431-1486) ; citons aussi **Rodrigo Osona le Vieux**, (v. 1440-1518) et son fils, **Francisco Osona le Jeune** (actif entre 1500 et 1514). Au milieu du siècle, cet art atteint une perfection que l'on observe sur deux chefs-d'œuvre anonymes du musée des Beaux-Arts : le retable de *Martí de Torres* et l'*Annonciation*.
En **sculpture**, un autre Valencien se distingue : **Damià Forment** (1480-1540), qui travaille surtout en Aragon, où il réalise d'immenses retables, se situant à la charnière des styles gothique et Renaissance.
Tout aussi brillante, la génération suivante est marquée par l'esprit de la Renaissance : **Fernando Yáñez de la Almedina** (actif entre 1505 et 1535) et **Fernando de Llanos** (actif

entre 1505 et 1525) introduisent le style de Léonard de Vinci ; **Vicente Macip** (1475-1545) y ajoute l'influence raphaélique après avoir découvert Sebastiano del Piombo ; son fils, Juan Vicente Macip, dit **Juan de Juanes** (1507-1579), est l'auteur d'œuvres déjà maniéristes.

LA CÉRAMIQUE

Les artisans valenciens du 15e s. font preuve d'un grand talent en ferronnerie, orfèvrerie, broderie, etc. Mais le Siècle d'or est surtout celui de l'essor de la céramique. À partir du 10e s., les Arabes avaient apporté leurs compétences dans ce domaine. La technique du « lustre » (céramique à reflets métalliques), venue de Mésopotamie, se développe dans les ateliers de **Manises** et de **Paterna**. Ces productions sont exportées du port de Valence, grâce aux navires en provenance de Majorque (d'où le nom de *majolique* donné par les Italiens). Au 15e s., Manises fournit la République de Venise, le Vatican et bien d'autres villes en Italie. Cependant, par la suite, les ateliers de Manises perdent leur position hégémonique, concurrencés par d'autres centres européens.

J. M. Charles/age fotostock

Plaque de rue en céramique de Manises.

UNE LANGUE, DES ÉCRIVAINS

Depuis la Reconquête, à Valence, on parle le catalan... ou plutôt le **valencien**, qui en est issu et qui est désormais considéré comme une langue à part entière. Dès 1475, une imprimerie s'installe en ville et publie un texte dans la langue locale, et en 1489 un dictionnaire latin-valencien est édité... à Venise. Tandis que le dominicain **san Vicente Ferrer** prêche en valencien, une **littérature** brillante apparaît, avec le poète **Ausiàs March** (1397-1459) qui renouvelle l'art des troubadours en explorant le thème de l'amour courtois. Son beau-frère, **Joanot Martorell**, écrit quant à lui *Tirant lo Blanc* (1465), considéré comme le premier roman moderne. Tout à fait à l'opposé de ce roman de chevalerie, se situe *L'Espill* (Le Miroir), roman satirique en vers écrit par un médecin de Valence, **Jaume Roig** (mort en 1478). Dans ce livre, connu pour sa misogynie et son anticléricalisme, on décèle l'ancêtre du roman picaresque.

Architecture

Après l'union avec la couronne castillane, la perte d'hégémonie politique et le déplacement des centres de pouvoir, ajoutés à une crise économique majeure et à quelques épidémies, entraînent une longue décadence de Valence, devenue une paisible cité provinciale où fleurissent les couvents : au 17e s., on en dénombre plus de 70 !

L'IRRUPTION DU BAROQUE

C'est cette vie conventuelle intense qui permet au baroque, art de la Contre-Réforme, de s'emparer de l'architecture valencienne. L'intérieur des églises existantes est littéralement recouvert de stucs, de dorures et de fresques exécutées par des artistes venus d'Italie, comme Palomino : les exemples les plus saisissants sont ceux des églises de los Santos Juanes et, surtout, de San Nicolás. Les coupoles, comme celle de la tour de Santa Catalina, sont décorées de céramiques vernissées polychromes. Les colonnes torses se multiplient au portail des églises, leurs façades sont aussi travaillées que de somptueux retables de pierre (comme celle de la cathédrale, réalisée d'après le projet de Konrad Rudolf, *p. 14*). Les églises nouvelles, comme la basilique de Nuestra Señora de los Desamparados, adoptent des plans en forme d'ellipse. L'architecture civile n'est pas en reste et le délirant portail du Palacio del Marqués de Dos Aguas, sculpté par **Ignacio Vergara**, en est un étourdissant exemple.

Valence avant Valence

Fondée par les Romains, occupée ensuite par les Wisigoths, puis restée plus de cinq siècles sous domination arabe, Valence garde peu de traces visibles de ce prestigieux passé, si l'on excepte la « cité souterraine » de ***La Almoina*** *où l'on a découvert les substructions du forum romain, de la cathédrale wisigothique et de l'alcázar arabe : assez pour se faire une idée de la splendeur passée de la cité.*

DU CLASSICISME AU MODERNISME

Au 19e s., Valence commence à se transformer en ville moderne. Après les lois d'expropriation de 1836, la destruction de nombreux couvents permet de dégager des terrains et d'aménager places et rues : la plaza Redonda (par **Salvador Escrig Melchor**, 1840) et les arènes (**Sebastián Monleón**, 1857-1860) sont deux rares exemples du néoclassicisme valencien.
Mais rapidement, la ville commence à se sentir à l'étroit et un premier projet d'extension, l'**Ensanche**, est voté en 1866, avant d'être définitivement lancé en 1887. Cette époque, marquée par l'empreinte d'une bourgeoisie industrielle et triomphante, est dominée par deux styles. L'**historicisme**, ou

Oceanogràfic conçu par Félix Candela.

Restaurante Submarino

La céramique sauvée par le modernisme
Les ateliers de céramique, qui vivotaient depuis deux siècles, connurent un regain d'activité aux 19e et 20e s., grâce au modernisme qui fit grand usage de matériaux nouveaux. La céramique fut alors employée en parement décoratif, notamment sur les façades des immeubles.

éclectisme consiste à adapter aux temps nouveaux le répertoire architectural connu (avec une prédilection pour le néogothique) : tourelles, clochetons, sculptures pseudo-antiques se multiplient sur les façades monumentales, témoignant de la richesse et de la puissance de la bourgeoisie. On en voit de beaux exemples sur la plaza del Ayuntamiento et l'avenida Marqués de Sotelo.

Plus novateur, le **modernisme** laisse à Valence des monuments emblématiques, comme la Casa de los Dragones dessinée par **José Manuel Cortina** ; le Mercado de Colón, œuvre de **Francisco Mora y Belenguer** (1913), et le Mercado Central, construit par **Alejandro Soler** et **Francesc Guàrdia** entre 1914 et 1928 ; la Estación del Norte (gare du Nord) édifiée par **Demetrio Ribes** dans un style empruntant à la Sécession viennoise (1917), sans oublier les *tinglados* (entrepôts) du port dessinés par **Federico Gómez de Membrillera**.

AUJOURD'HUI ET DEMAIN

Après des années de léthargie, la ville, devenue capitale d'une Communauté autonome, et donc en grande partie maîtresse de son destin, s'éveille et fait appel à de prestigieux architectes afin de changer de visage. Des bâtiments sortent de terre : musées (l'IVAM, 1989, dessiné par les architectes valenciens **Emilio Giménez** et **Carlos Salvadores**, et le MuVIM par **Guillermo Vázquez Consuegra**, 2001), salles de concerts (Palau de la Música, **José María de Paredes**, 1987), Palacio de Congresos aux courbes élégantes (**Norman Foster**, 1998). La Cité des Arts et des Sciences, symbole de l'entrée de la ville dans le 3e millénaire, est confiée à un Valencien, **Santiago Calatrava** (*p. 120*) et à **Félix Candela** qui conçoit l'Oceanogràfic, fameux pour sa maîtrise des formes paraboloïdes. Le quartier maritime, quant à lui, voit son port transformé de fond en comble en 2007 pour accueillir l'America's Cup. L'architecte **David Chipperfield** y construit pour l'occasion un bâtiment à la structure légère, *Veles e Vents*.

Un autre projet, déjà très avancé, devrait aboutir ces prochaines années : le **Parque Central**. Ce vaste espace vert, qui sera construit en plusieurs phases sur les voies ferrées, offrira différents espaces de loisirs et de services (*p. 12*). Une large portion du parc est déjà ouverte au public.

Notons enfin que Valence a été élue Capitale du design pour l'année 2022 sous la bannière World Design Capital Valencia 2022.

Fallas et autres fêtes

LES FALLAS, FÊTE DU FEU

Du 15 au 19 mars, Valence célèbre les folles journées des Fallas, inscrites par l'Unesco en 2016 au Patrimoine culturel immatériel de l'humanité et dont la coutume daterait du Moyen Âge. À l'époque, la corporation des charpentiers brûlait les chutes de bois, le jour de la Saint-Joseph, dans des feux appelés *fallas* (du latin *fax*, torche). Ce nom devint celui de la fête.

Avec le temps, on se mit à fabriquer des mannequins satiriques, destinés au feu. Au 17e s., ces mannequins, appelés *ninots*, devinrent de grands ensembles en carton-pâte formant les *fallas* qui atteignent aujourd'hui des dimensions extraordinaires, les quartiers rivalisant entre eux.

La moindre place de la ville est occupée par une de ces statues éphémères, et des prix sont attribués à ces réalisations, auxquelles ne manquent ni le sens artistique ni l'intention satirique. Chaque année, on distingue un *ninot* qui sera gracié et rejoindra le **Museo Fallero** (*p. 46*). De plus, tous les jours (du 1er au 19 mars) à 14h, une foule considérable se rassemble sur la plaza del Ayuntamiento pour assister à la **mascletà**, une impressionnante pétarade mise au point par une entreprise pyrotechnique différente chaque jour. La dernière minute est apparentée à un tremblement de terre.

Les 17 et le 18 mars a lieu l'offrande de fleurs à Nuestra Señora de los Desamparados, sur la plaza de la Virgen, par les groupes de *falleros* en costumes traditionnels. Ces deux soirs des feux d'artifice sont organisés, le plus important étant celui de la Nuit du Feu (le 18). Enfin, le 19, jour de la Sant Josep, une *cabalgata del fuego* (chevauchée du feu) parcourt la ville en prélude à la *cremà des Fallas* ou crémation : celle qui remporte le premier prix sera brûlée la dernière, juste avant celle, municipale, de la plaza del Ayuntamiento. Il s'agit de feux purificateurs qui emportent tout ce qui est négatif avec eux.

Et, pendant ces cinq jours, dans les arènes, corridas, *novilladas* (courses de jeunes taureaux) et spectacles de *recortadores* (littéralement « recoupeur », il enfile des anneaux sur les cornes nues des taureaux) marquent le lancement de la saison taurine espagnole.

Fierté valencienne

Baptisé « Real Senyera », le drapeau de la Communauté valencienne est constitué de quatre barres rouges sur fond jaune, avec une frange bleue dotée de couronnes du côté de la hampe. Symbole des libertés valenciennes, il ne s'incline devant personne, pas même le roi... ce qui oblige à bien des contorsions pour le sortir de l'hôtel de ville !

LA SEMAINE SAINTE

Comme ailleurs en Espagne, elle est marquée par de ferventes et impressionnantes processions, qui se déroulent dans le quartier maritime : c'est la **Semana Santa Marinera**.

FIESTA DE NUESTRA SEÑORA DE LOS DESAMPARADOS

La fête en l'honneur de la sainte patronne de Valence est célébrée le deuxième dimanche de mai. Dès le samedi soir, la plaza de la Virgen devient le lieu où il faut être : danses et concerts permettent d'attendre les deux messes célébrées devant la basilique à 4h et à 7h du matin. Le point d'orgue est le *traslado* : à 10h30, les fidèles portent sur leur épaule l'effigie de la Vierge de la basilique à la cathédrale, où elle entre à reculons pour ne pas tourner le dos à ses admirateurs ! Dans l'après-midi, elle revient à la basilique lors d'une procession solennelle sous un déluge de pétales de rose.

GRAN FIRA DE VALENCIA

C'est la plus profane et la plus récente des fêtes valenciennes puisqu'elle date de 1871 et a été créée pour animer la ville pendant l'été. Il s'agit d'une *feria* dans le sens originel du terme, en fait une sorte de foire-exposition, avec vente de produits de la *huerta*, défilés, concerts d'orchestres de rue, et corridas aux arènes. La Feria célébrée pour la Sant Jaume autour du 25 juillet culmine le dernier dimanche du mois avec la **Batalla de las Flores** au Paseo de la Alameda, où défilent des chars fleuris et où sont lancés des pétales de fleurs.

Bossue... et gradée

Légèrement penchée vers l'avant, la statue de la Vierge des Désemparés est affectueusement surnommée « la Petite Bossue » par les Valenciens. Signe particulier assez étonnant : elle possède le grade de généralissime des armées espagnoles !

EL DÍA DE LA COMUNITAT VALENCIANA

Le 9 octobre, la Communauté valencienne tout entière commémore l'entrée triomphale de Jaume Ier dans la ville de Valence. La **Senyera** (le drapeau valencien) est emmenée en procession de l'Ayuntamiento à la cathédrale, où est célébré un *Te Deum*. La nuit précédente, les entreprises spécialisées se défient lors du Festival international de pyrotechnie, auquel on assiste depuis le Paseo de la Alameda qui longe l'ancien cours du río Turia. (*Voir aussi encadré p. 115*).

Groupe de Falleras.

Illustres Valenciens

La fin de l'Âge d'or ne marqua pas pour autant l'arrêt de la création artistique à Valence et nombre d'artistes valenciens se sont imposés parmi les meilleurs. Certains ont porté haut le renom de leur ville et sont même parvenus à la symboliser ; en voici un petit florilège.

DEUX PEINTRES

José de Ribera (1591-1652) naît à Xàtiva. Il étudie à Valence, puis part pour l'Italie où on le surnomme « Lo Spagnoletto », le petit Espagnol. Grâce au vice-roi de Naples, dont il devient le peintre attitré, il acquiert très vite une grande célébrité tant en Italie qu'en Espagne. Il est connu pour son art robuste et réaliste, qui rappelle par sa science du clair-obscur (appelé ici ténébrisme) celui du Caravage.

Peintre valencien par excellence, **Joaquín Sorolla** (1863-1923), influencé à ses débuts par l'impressionnisme, étudie les œuvres du Prado à Madrid puis développe sa technique à Rome. À son retour, il s'impose rapidement en captant la lumière des plages méditerranéennes sur des toiles représentant les pêcheurs valenciens. Il devient l'un des chefs de file de la peinture espagnole moderne et triomphe à Paris lors d'une exposition dans la galerie Georges Petit en 1906, et reçoit le titre de chevalier de la légion d'honneur. (*Museo de Bellas Artes San Pío V p. 39*).

DES ÉCRIVAINS

Noble valencien, militaire et membre d'un cercle littéraire dans sa ville natale, **Guillén de Castro** (1569-1631) quitte Valence après quelques infortunes conjugales. Installé à Madrid, il y rencontre le grand Lope de Vega. Il publie en 1618 sa comédie *Les Enfances du Cid*, qui va inspirer Corneille.

Fils d'un épicier établi près du Mercado Central, **Vicente Blasco Ibáñez** (1867-1928), d'abord « nègre » d'un auteur de feuilletons, entame une fulgurante carrière littéraire, décrivant la vie des paysans de la *huerta* et des pêcheurs de l'Albufera, multipliant les best-sellers adaptés au cinéma par Hollywood avec les stars de l'époque, comme *Les Quatre Cavaliers de l'Apocalypse*. Ce noceur invétéré et séducteur impénitent, impliqué dans plusieurs duels, ne se limite pas à la carrière d'écrivain. Il crée un journal, où ses prises de position virulentes lui valent quelques ennuis avec les autorités et, plusieurs fois, de rocambolesques fuites à l'étranger. Affairiste, il ruine des dizaines de Valenciens dans un projet de colonisation agraire en Argentine. Cela ne nuit pas pour autant à son étonnante popularité, et lorsque son corps est ramené à Valence en 1933 (après sa mort en exil à Menton), une foule immense suit son cercueil. Ses collègues écrivains, par contre, sans doute jaloux de son succès, furent

Vicente Blasco Ibáñez.

Le valencien aujourd'hui

Devenu langue co-officielle de la Communauté, le valencien est compris par une bonne partie de la population. La littérature valencienne semble reprendre de la vigueur sous l'impulsion de la Generalitat et de quelques éditeurs : en témoigne l'émergence de ***Ferran Torrent*** *(né en 1951), auteur de « polars valenciens », certains traduits en français.*

plus réservés. Et lorsque Valle-Inclán apprit sa mort, il s'écria : « Encore un coup de pub ! »

UN ARCHITECTE

Né le 28 juillet 1951 près de Valence, **Santiago Calatrava** étudie dans la ville puis à l'École polytechnique fédérale (ETH) à Zurich. Il se fait connaître par ses projets de ponts et de gares (Saint-Exupéry à Lyon, gare d'Orient à Lisbonne), construit l'aéroport de Bilbao, le stade pour les J.O. d'Athènes, la Cité des Arts et des Sciences de Valence, avec l'Hispano-Mexicain Félix Candela, et un immeuble tournant sur son axe à Malmö. Également sculpteur et ingénieur, il propose des architectures défiant les lois de la gravité. Mais, rançon de la gloire, ces derniers temps, l'architecte est quelque peu controversé, en raison de certaines malfaçons... (*Palau de les Arts p. 44*).

DES TOREROS

Comme la plupart des villes espagnoles, Valence s'enflamme volontiers pour les *toreros* du cru, qu'elle soutient contre vents et marées. Parmi les enfants du pays qui ont tenté leur chance dans l'arène, deux noms sortent du lot. Tout d'abord, **Manuel Granero** (1902-1922) : ce jeune **matador** s'imposa rapidement au premier rang de la hiérarchie. Sa mort précoce (il fut tué par un taureau à Madrid le 7 mai 1922) traumatisa les Valenciens.
Une place à Russafa lui est dédiée.
Plusieurs décennies plus tard, c'est en **Enrique Ponce** que les habitants trouvèrent son successeur. Né en 1971, et devenu matador lors des Fallas de 1990, Ponce, qui allie clairvoyance et élégance, se maintient depuis lors au premier rang et pulvérise tous les records (plus de 2 500 corridas à son actif !).
Enfin, en passant devant les arènes, vous remarquerez une statue en bronze régulièrement fleurie : il s'agit d'un grand *banderillero* valencien, **Manuel Montoliú** (1954-1992), tué dans les arènes de Séville.

Saveurs valenciennes

LA PAELLA

Bien entendu, la recette reine de la cuisine valencienne est la fameuse **paella** ! Si ce plat résume un peu injustement la cuisine espagnole pour nombre d'étrangers, c'est qu'il est devenu, dans les années difficiles qui ont suivi la guerre civile, le plat national espagnol. En tout cas, c'est en terre valencienne que la paella trouve ses racines, et c'est ici que vous dégusterez les meilleures préparations. Mais attention, le plat se décline à l'infini et, à côté de la célèbre **paella valenciana** à base de riz au safran et garnie de poulet et de lapin, chaque village, chaque quartier et chaque cuisinière a développé sa propre recette : on ne compte pas moins d'une cinquantaine de spécialités de **riz** (**arroces** ou **arrossos** en valencien), selon les ingrédients et la cuisson. Signalons parmi les plus fréquents : l'**arroz negro**, riz à l'encre de seiche, l'**arroz a banda** (à base d'une sauce composée de petits poissons de roche), l'**arroz del Senyoret**, aux crustacés préalablement décortiqués, d'où son surnom d'**arroz limpio** (propre) puisqu'on ne se salit pas les mains, la **paella de verduras** (paella aux légumes), l'**arroz rossejat** (riz roussi), où le riz dore dans la poêle avant l'adjonction d'autres denrées, l'**arroz al forno** (riz au four), ou encore l'**arroz con costra** (littéralement croûte de riz, et saucisse), spécialité d'Orihuela. La **fideuà** est une déclinaison de la paella, où de petites pâtes, les **fideos**, prennent la place du riz : elle aurait été inventée, dit-on, par des pêcheurs de Gandia à court de riz alors qu'ils se trouvaient en haute mer.

Une ville d'eau !

*Certes, les curistes sont rares à Valence... du moins dans le sens classique du terme, car rares sont les visiteurs qui ne succombent pas à l'**Agua de Valencia**, un cocktail à base de « cava » (le champagne catalan), de jus d'orange, de vodka et de gin...*

RECETTE DE LA PAELLA

Ingrédients (pour 8 personnes)

1 verre d'huile d'olive
1 poulet découpé en morceaux
1 lapin découpé en morceaux
12 à 16 escargots bien lavés
300 g de haricots verts plats frais
200 g de haricots blancs (« garrofon »)
3 artichauts lavés, pelés et découpés
1 tomate moyenne pelée
3 verres de riz blanc de Valence
1 cuillère à soupe de paprika
Du safran
6 verres d'eau
1 bouquet de romarin

Préparation

Faire chauffer l'huile d'olive dans une paella (ou dans une sauteuse). Faire

Horchata de chufa

Valence est la capitale de cette boisson rafraîchissante (« orxata de xufa » en valencien) à base de tubercules de souchet (au goût d'amande) accompagnée de « fartons » (petit pain) que l'on trempe dans l'« horchata ». Les Espagnols, petits et grands, en sont friands ! Et, plus couramment, on ne manquera pas de déguster les excellents jus des oranges de la région, « natural » bien entendu.

sauter les morceaux de poulet et de lapin pendant environ 5 minutes à feu doux. Ajouter les haricots verts, les artichauts et la tomate. Faire revenir le tout pendant quelques minutes. Ajouter le paprika et le faire frire pendant une minute à feu très doux. Dissoudre le safran dans de l'eau et l'ajouter immédiatement dans la paella. Ajouter les haricots blancs et saler. Augmenter la puissance du feu et laisser bouillir le tout environ 15 minutes. Ajouter les escargots et laisser bouillir 3 à 4 minutes. Ajouter le riz et le répartir sur toute la poêle. Laisser bouillir environ 15 minutes et goûter le bouillon. Ajouter du sel si cela est nécessaire. Pendant les 7 ou 8 dernières minutes, ajouter le romarin, le laisser cuire 5 minutes dans la paella et l'enlever ensuite. La paella sera prête lorsque l'eau se sera évaporée et que le riz ne sera plus tout à fait sec. Pour obtenir le *socarrat* (riz un peu brûlé qui reste collé au fond de la paella), mettre à feu vif pendant 1 à 2 minutes. Laisser reposer quelques minutes avant de servir. Bon appétit !

AUTRES SAVEURS

Mais la paella, même si elle peut suffire à rassasier, est ici considérée comme une entrée, au même titre que les pâtes en Italie… et le plus souvent, elle ne fait que précéder d'excellents poissons, grillés, à la braise ou, parfois, préparés en croûte de sel, ou encore en ragoût concocté à base de divers poissons et de pommes de terre (le **suquet de peix**), sans oublier les crustacés parmi lesquels le homard *(bogavante)* tient la vedette.

En saison, on déguste volontiers les **anguilles** de la Albufera, traditionnellement accommodées à l'**all i pebre**, un ragoût à base d'oignons, de piment rouge et de paprika dans lequel les anguilles mijotent avec des pommes de terre. Quelques amandes pilées et du persil en fin de cuisson, et le tour est joué ! Autre recette assez proche, l'**espardenyà** (littéralement « coup de savate ») diffère de la précédente par l'ajout de viandes diverses (poulet, lapin, canard, etc.), voire d'œufs.

Côté entrée, l'**esgarraet** est composé de *mojama* (thon cru fumé), de morue séchée, de poivrons marinés à l'huile d'olive, d'un demi-œuf dur et de quelques olives.

Et côté viandes, peu de spécialités, la région n'ayant jamais été une terre d'élevage. Signalons toutefois la **torraeta de xulles**, côtelettes d'agneau grillées dégustées avec de la sauce *all i oli*.

Les Valenciens sont très fiers des produits de leur *huerta* (jardins où l'on cultive fruits et légumes), au premier rang desquels (outre les agrumes)

Turronnes A Galiana.

Oranges confites de la boutique Turrones Galiana.

les tomates se taillent la part du lion et constituent la base de salades rafraîchissantes.
Un plat d'hiver ? Goûtez au **puchero valenciano**, longuement mitonné, où se mêlent pois chiches, riz, pommes de terre, poulet, lard, boudin ou pieds de porc et condiments, et qui se déguste avec des boulettes de viande *(pelotas)* assaisonnées à la cannelle. Ce n'est pas léger, mais c'est un plat délicieux qui, là aussi, connaît autant de variantes que de cuisinières.

AVEC MODÉRATION...

La région de Valence est la troisième zone viticole au monde par sa superficie. Elle produit des **vins** d'une grande qualité. La principale appellation D.O. *(denominación de origen)* est celle d'Utiel-Requena, à l'ouest de la province, mais Valence proprement dite bénéficie aussi de ce label, avec les blancs de l'Alto Turia ou du Valentino, ainsi que quelques muscats réputés.

N - O

P

R

S

T

U - V

W - Y

Crédits photographiques p. 4-5
(de gauche à droite et de haut en bas)

E. Durnford/LatitudeStock Images/age fotostock
H. Hughes/hemis.fr/ADAGP, Paris 2021
G. Gerault/hemis.fr
M. Thomas/Axiom Photographic/age fotostock
Nickos/iStock
J. Larrea/age fotostock
Paco Alcántara/Museo de Bellas Artes de Valencia
RossHelen/age fotostock
T. Balaguer/easyFotostock/age fotostock

Collection sous la direction de Philippe Orain

Responsable d'édition et rédactrice en chef du guide : Camille Bouvet

Secrétaire d'édition	Méryl Côte
Rédaction	Célia Bénisty, Françoise Chaffin, Anne Duquénoy, Lisa Diez Gracia, Xavier Espinet, Martin Fouquet, Arnaud Goumand, Chloé Hoorman, Guylaine Idoux, Hervé Kerros, Sarah Larrue, Mélanie Lemaire, Pierre Plantier, Alejandro Prieto de Vega, Marie-Pascale Rauzier, Claire Rideau, Emmanuelle Souty
Remerciements	Leticia Colomer (Visit Valencia)
Ont contribué à ce guide	Altiplano, Denis Rasse, Theodor Cepraga, Costina-Ionela Lungu (**Cartographie**), Véronique Aissani, Carole Diascorn (**Couverture**), Marion Capéra, Marie Simonet, Sophie Roques (**Iconographie**), Bogdan Gheorghiu, Cristian Catona, Hervé Dubois, Pascal Grougon (**Prépresse**), Dominique Auclair (**Pilotage**) Plans de ville : © MICHELIN et © 2006-2018 TomTom. All rights reserved.
Conception graphique	Laurent Muller (couverture et maquette intérieure)
Régie publicitaire et partenariats	business-solutions@tp.michelin.com *Le contenu des pages de publicité insérées dans ce guide n'engage que la responsabilité des annonceurs.*
Contacts	Vous souhaitez nous contacter ? Envoyez-nous un email à l'adresse : tourisme@tp.michelin.com

Parution 2021

VOTRE AVIS EST ESSENTIEL
POUR AMÉLIORER NOS PRODUITS

Aidez-nous en répondant à notre questionnaire sur le site :
satisfaction.michelin.com

Michelin Travel Partner
Société par actions simplifiée au capital de 15 044 940 EUR
27 Cours de l'Ile Seguin - 92100 Boulogne Billancourt (France)
R.C.S. Nanterre 433 677 721

Dépôt légal : 11-2020 – ISSN 0293-9436
Compograveur : Michelin Travel Partner, Voluntari (Roumanie)
Imprimeur : Estimprim, Autechaux
Imprimé en France : 12-2020

Usine certifiée 14001
Sur du papier issu de forêts bien gérées.